森田成也 Seiya Morita

『資本論』とロシア革命

柘植書房新社

『資本論』とロシア革命／目次

序文

二〇一七年は言うまでもなくロシア革命一〇〇周年であるとともに、『資本論』初版の出版一五〇年の年でもあった。本書の筆者は、一方では『資本論』の研究を専門とする研究者であると同時に、二七年間にわたってトロツキー研究所（二〇一九年四月で閉鎖）でトロツキーとロシア革命の問題について研究をしてきた。それゆえ、この両者（『資本論』とロシア革命）が同時に記念の年を迎えた二〇一七年から二〇一八年前半にかけて、私は多くの講演、セミナー、学習会、論文執筆、シンポジウム報告、等々の依頼を受けることになった。本書はそれらのうち活字として発表されたものを中心に、基本的に時系列で収録している（第3章だけは別）。それぞれ独立の講演や論文なので、部分的に話が重なっている箇所もあるが、大部分は重ならないように工夫してある。もちろん、本書に収録するにあたっては、いつものように、最初の発表が古いものほど大幅な加筆修正がなされている。

前著『ラディカルに学ぶ「資本論」』（二〇一六年九月）を出版してからすでに二年以上が経った。この短い間にも、世界的に民衆の大規模な運動が起こり、それは未来への大いなる希望を掻き立てるものであった。とくにお隣の韓国では二〇一六年の冬に一〇〇万人から一五〇〇万人の市民・労働者がソウルの街頭を何度も埋め尽くし、朴槿恵政権を退陣に追い込み、進歩的な文在寅政権を成立させた。そしてこの巨大な運動のうねりが大きな原動力となって朝鮮半島情勢を大きく動かし、朝鮮半島の非核化に向けた具体的な動きが起こり始めている。韓国の民衆は今やアジアの革命的前衛である。

またアメリカでは、二〇一六年秋の大統領選挙における共和党候補者のドナルド・トランプの勝利にもかかわらず（だがトランプは総得票数で相手候補のクリントンよりも二〇〇万票も少なかったのであり、トランプの勝利はアメリカ選挙制度の不備のおかげで実現したにすぎない）、その直後からトランプの性差別的・レイシスト的、反労働者的、反エコロジー的諸政策（衰退しつつある帝国主義的資本主義の断末魔的政策）に対して、全米で数百万規模の反対デモが巻き起こった。それは、セクシュアルハラスメントや性暴力の根絶を目指す女性たちの巨大な #MeToo 運動や、銃の抜本規制を求める高校生たちの「March For Our Lives」の運動へと連動している。二〇一八年秋の中間選挙では、この巨大な運動の影響を受けて、多くの女性、マイノリティ、社会主義者などが初当選を果たした。この巨大なうねりはヨーロッパやラテンアメリカにも広がっており、二〇一八年の国際ウィメンズデーではスペインの女性労働者が数百万規模のゼネストを断行した。二〇一一年におけるオキュパイ運動から始まった全世界的な規模での民衆の反撃の波は終息するどころか、この二年間にますます広がりと深みを増している。

その一方で、日本は経済的衰退と人口減が止まらず、発展途上国ならぬ「衰退途上国」の一つになりつつあるが、それでも下からの運動は微弱で、保守連立政権は過去の経済発展の遺産と狭隘なナショナリスト的基盤に依拠することでその権力を長期的に維持し続けている。二〇一八年は記録的豪雨と記録的猛暑に見舞われ、各地で多大な被害をもたらした年になったが、安倍政権は抜本的な災害対策も地球温暖化の緩和に向けた取り組みも何らせず、原発に固執し続けるとともに、アメリカ多国籍資本のためのカジノ解禁や、労働者の既得権を奪い取ること、さらなる規制緩和と民営化（世界的に失敗であることが明らかとなった水道の民営化さえ！）を追求し続けている。

かつて日本は欧米資本主義がうらやむ「成長国家」であり、他方でヨーロッパ資本主義は停滞の象徴であり、「イギリス病」などと呼ばれていた。しかし今日では日本が、その新自由主義的改革にもかかわらず（いやそれだからこそ）、典型的な「停滞国家」になっており、いかにして「日本病」を回避するべきかが欧米で取りざたされている。まさにそういうときに、日本では「いかに日本が素晴らしい国であるか」を競い合って紹介する書籍やテレビ番組があふれかえっている。現実から目を背け、見たいものしか見ようとしないのは、まさに衰退しつつある社会に典型的な振る舞いである。

しかし、個々の国における諸政権の栄枯盛衰がどうであろうと（それらはしょせん歴史のあぶくに過ぎない）、世界資本主義は確実に危機と行き詰まりの様相を深刻化させている。世界的に経済的格差はますます拡大し、自然環境は致命的な水準にまで悪化し、労働力と天然資源は無制限に搾取され浪費されつづけている。われわれが日々実感している地球の温暖化は、日本のみならず世界各地で、「数十年に一度の〜」とか「記録的な〜」と形容されるような大規模災害を毎年のように引き起こしている。今や北極圏やシベリアでさえ夏には三〇度を超すようになり、自然発火による大規模な山火事が各地で起こっている。ますます深刻化する巨大な経済格差や貧困化と並んで、このとどまるところを知らない環境悪化は、人類がますます資本主義と両立しえなくなっていることをはっきりと示している。

こうした状況の中で、資本主義の運動法則とその諸限界を明らかにした『資本論』と、世界で初めて資本主義的世界秩序に本格的に挑戦してそれを部分的に突破したロシア十月革命の偉大な経験は、今日ますます重要な意味を持つようになっている。一部の「マルクス主義者」は、一方で依然としてマルクスを称揚しつつも、十月革命とその後の社会主義建設の経験を単なる「負の歴史」や「逸脱」として抹消しようとしているが、これほど非マルクス主義的な態度もないだろう。われわれは「もう一つの世界」を実現するための教訓を両者から学ぶことができるし、学ばなければならない。本書がその一助となれば幸いである。

（二〇一八年一一月一五日）

第1章

現代資本主義とマルクスの『資本論』

【解題】以下の文章は、二〇一七年二月一二日に行なった自治体労働運動研究セミナーでの講演に加筆・修正をほどこし、若干の注を書き加えたうえで、『自治体労働運動研究』の第六二号（二〇一七年六月）と第六三号（二〇一七年九月）に「現代資本主義とマルクスの『資本論』」と題して上下に分割掲載されたものである。今回収録するに当たってさらに加筆をするとともに、新たに注を加えた。ここでは資本の限界として「四つの限界」を挙げたが、翌年の講演では「資本の五つの限界」について語っている（本書の第6章）。

その前月に、朝日カルチャーセンターでロシア革命一〇〇周年の講演を行なったが、それを皮切りに、二〇一七年には多くの講演、学習会の講師を務めた。それと同時に、二〇一七年はマルクスの『資本論』初版の出版一五〇周年にもあたっており、この二つの記念の年に多くの講師依頼があった。本稿はこの二つを関連させた最初のものであり、主として『資本論』と現代資本主義との関連に重きを置いている。

はじめに――マルクス没後一〇〇年からマルクス生誕二〇〇年へ

まず本論に入る前に、ちょっと過去を振り返っておきたいと思います。先ほど司会の方からお話があったように、今年二〇一七年はいろいろな記念の年です。まず何よりもロシア革命一〇〇周年であるし、マルクスの『資本論』第一巻の初版が出版された一五〇周年です。そして、来年二〇一八年はマルクス生誕二〇〇周年です。ところで、今から三〇数年前に、マルクスの生涯に関わるもう一つの記念の年がありました。それが一九八三年です。

一九八三年はマルクス没後一〇〇年の年であり、当時、この日本でも世界でも大いに話題になりました。マルクス没後一〇〇年の年から生誕二〇〇年を来年に迎えるまでの約三五年間に、世界と日本は劇的に変化しました。一九八三年のころの日本と世界のことをちょっと思い出してください。そのとき、マルクス没後一〇〇年ということでいろいろなメディアで特集が組まれました。当時の日本資本主義は全盛期で、バブル経済が始まる直前であり、世界経済の中では日本経済の一人勝ちなどと言われていました。日本経済は破竹の勢いで成長を続けており、莫大な貿易黒字を溜め込んで、アメリカでは日本バッシングが起こったぐらいでした。

そういう時期にマルクス没後一〇〇年を迎えたのですが、当時の特集にはそういう時代の雰囲気というものが色濃く反映しています。典型的には『経済セミナー』という老舗の経済雑誌の没後一〇〇年特集です。そこでは、マルクスの予言というのはことごとく外れたんではないかという趣旨の編集がなされています。資本主義は崩壊するどころか繁栄のきわみだし、労働者は立ち上がらなかったし、貧困が増大するどころかどんどん豊かな社会になっている、云々と。

しかし、一九八〇年代前半というのは実は世界的に転換の時期だったんですね。一九八〇年ごろから欧米ではレーガン・サッチャーの新自由主義革命が開始されます。ところが一九八三年というのはまだその最初のころで、新自由主義革命の本格的な結果はまだ現われていない。それゆえ、時代の雰囲気としては、とりわけ日本の雰囲気としては、資本主義は爛熟して、みんな豊かになっているというものでした。しかし、実はそのときにはすでに大きな時代の転換というものが起こり始めていたのです。福祉国家的で国民統合的な資本主義から、弱肉強食の階層支配的な新自由主義的資本主義へと、資本主義そのものが大きく変貌しつつあった、そういう時期でした。

ところが、そういう認識は、この『経済セミナー』の特集に登場した人々（基本的に全員がマルクス主義者です）のほとんどには見られません。もちろん、まだマルクス主義は有効であると熱心に主張する論者もそれなりにいたのですが、そういう人々の主張も弱くて、せいぜい環境問題や第三世界の貧困、あるいは先進国では豊かさの中で起きている疎外といった問題を取り上げる程度でした。

しかし、そこから三〇数年たった今日ではどうなっているかというと、今日では一九八三年のころよりもはるかに『資本論』で描き出した世界に接近しています。貧富の格差は目に見えるほどはっきりとしており、それはますます深刻になっています。かつて世界経済を席巻した日本資本主義というのは今や見る影もありません。この没後一〇〇年の特集が組まれたわずか一〇年足らず後にはバブルがはじけて、そこから二〇年以上にわたる不況が日本を襲い、ほぼゼロ成長を続けるのです。賃金はどんどん下がっていき、非正規労働者もどんどん増えていく。日本の労働者の賃金は一九九六年ごろがピークであり、その後労働者の賃金はひたすら下がり続けています。ワーキングプアはすでに一〇〇〇万人を大きく越え、非正規雇用は全体の四割ぐらいになっています。国民一人あたりのＧＤＰで見ると、日本はかつての世界第二位からすでに世界の二〇位台から三〇位台にまで落ちています。

日本資本主義だけでなく、世界資本主義を見ても、貧富の格差というのは信じがたい水準になっており、しかもますますひどくなっています。たとえば、いちばん最近のニュースで衝撃的だったのは、オックスファムという国際NGO団体が今年の一月一五日に発表したレポートです。その中で、世界のトップ八、すなわち上位わずか八人の億万長者が持っている総資産額が、世界の総人口の下位半分、すなわち三六億人もの人々の持っている総資産額に等しいという試算を発表しました。実はこれは去年出したレポートを修正したものなんですね。去年も同じようなレポートを出していて、それでも十分に衝撃的だったのですが、去年のレポートでは上位六二人の総資産額が世界総人口の下位半分の総資産額と等しいという試算が出されていました。実は私が去年出した『ラディカルに学ぶ「資本論」』（柘植書房新社）という著作の序文で、この去年の数字を紹介して、世界における貧富の格差のひどさについて説明したのですが、今年〔二〇一七年〕になってオックスファムはそれを修正して、実際にはもっとひどかった、上位六二人ではなく、わずか上位八人の総資産額が世界総人口の下位半分の総資産額と同じだ、そういうレポートを出したんです。その上位八人に顔を並べているのは、ビル・ゲイツだとかウォーレン・バフェットだとかアマゾンのCEOだとかフェイスブックのCEOだとか、そういう超多国籍企業のトップの面々です。

信じがたい格差ですが、彼らはこれだけ天文学的な富を独占しているにもかかわらず、それでも飽き足らず系統的な税金逃れをしています。これもまた最近話題になったことですが、パナマ文書というのがリークされたり、それ以外にもいくつかの国際NGOが、これらの億万長者や多国籍大企業がどれだけその資産を隠していて、タックスヘイブンと呼ばれる税率の低い国や地域に巨額の富を移しているかということを暴露しています。その全貌は実際にはわからないわけですが、あるNGOの調査と試算によると、大企業上位五〇〇社がタックスヘイブンなどに隠し持っている儲けが約二五〇兆円にのぼるそうです。これはわかった範囲の話ですから、実際にはもっと多いだろうと考えられます。この税金逃れした儲け分に通常の法人税をかけたら、七〇兆円という追加税収が発生し、この分だけですでに世界の貧困問題の大半を解決することができると言われています。

こうして、これらの大企業が実際に払っている法人税の税率はしばしば、われわれのような庶民が払っている所得税の税率よりもずっと低いという奇妙な事態が生じています。たとえばトヨタは長いあいだ法人税を一銭も払っていなかったし、ちょうど昨日の新聞記事に出ていましたが、アップルというIT関連のトップ企業が日本で払っている税率が一%から六%です。われわれの払っている所得税率よりもはるかに低いのです。年収何百万円という人が払っている税率よりも、売り上げが何千億という企業が払っている税率の方が低いわけです。こんなべらぼうな話はありません。

まさにマルクスが『資本論』で述べた最も重要な命題の一つ、すなわち、一方における富の蓄積と他方における貧困の蓄積、このことが今日これ以上にないぐらいあからさまになっているし、おそらくはマルクスが想定した以上にひどい事態になっています。いくら資本主義に厳しかったマルクスといえども、わずか八人の人間の総資産額が世界総人口の下半分の総資産額と同じになる時代が来るなんて、さすがに想像しなかったでしょう。

つまり、一九八三年の時点で、一〇〇年もの後知恵でもってマルクスの予言が外れたと得々と語っていた人々は、わずか一〇年後に起こる日本資本主義の停滞の開始について何も予見することができず、あたかも日本資本主義の繁栄が今後もずっと続くかのように無意識に想定して、マルクスの限界について語っていたわけです。それどころか、そのときすでに進行していた新自由主義革命とグローバリゼーションが天文学的な貧富の格差を生み出すと予想することさえできていませんでした。他方で、ことごとく外れたと言われたマルクスの予言のほうは生誕二〇〇年目を前にして、マルクス自身の予見以上の悲惨さで確認されたのです。

1、資本の二つの運動原理——形態的運動原理と実体的運動原理

さて、以上のような状況を踏まえて本論に入りましょう。今日は、マルクスの『資本論』で解明された資本の運動法則から始まって、現代資本主義の状況まで一気に駆け上がるわけですから、いろいろとはしょった説明にならざるをえないことをあらかじめご了承いただきたいと思います。

無限の価値増殖としての資本の形態的運動原理

レジュメでは最初に「資本の二つの運動原理」という見出しを掲げています。「資本」とはそ

もそも何かということが、まずもって問題になります。マルクスはこの資本の本質を二つの運動原理の統一物であると認識しており、どちらが欠けても本来の資本にはなりえません。後で見るように、この二つの運動原理は相対的に分離する傾向を示すのですが、全体としての資本を理解する上ではこの二つの運動原理はともに不可欠なのです。

マルクスが経済学を研究し始めた時代には、いわゆる古典派経済学が主流でした。この経済学はやがて、一方ではマルクス経済学によって乗り越えられ、他方では限界効用価値説や一般均衡理論に基づくいわゆる近代経済学によって否定され、経済学の「歴史」になってしまうわけですが、マルクスの時代にはそれは主流の経済学でした。このとき、多くの経済学者たちが「資本」とは何かをめぐってかなりの論争を行ないました。典型的な回答は、資本とは生産に役立つもろもろの物的手段である、つまり機械や原材料や工場やその他もろもろのものだというものです。経済学者の中には、労働者が消費する生活手段まで資本に数える人もいました。というのも、生活手段を消費して労働者が再生産され、この労働者は生産に役立つのだから、生活手段も資本の要素だというわけです。いずれにせよ、これらの人々によれば、資本とは生産に役立つ何らかの物的なものであるということになります。

若きマルクスはすでにこのような「資本」観に異議を唱え、一八四九年の『賃労働と資本』の有名な一節で、資本が生産に役立つもろもろの物的な手段であると言うのは、黒人奴隷とは色の黒い人間のことだと言うのと本質的に変わらないと鋭く指摘しています。黒人は黒人であり、ある一定の社会関係の中で始めて彼ないし彼女は奴隷になるわけです(1)。しかし、マルクス以前の経済学者にも、後にマルクスの『資本論』につながるような「資本」観を唱えた人がいました。一人目がシスモンディという人であり、フランスの古典派経済学者です。マルクスは古典派経済学はウィリアム・ペティとボアギュベールに始まり、リカードとシスモンディで終わると言っていますが(2)、そのシスモンディです。

シスモンディは、資本とは、あれこれの生産手段のことではなく、あれこれの貨幣でもなく、あれこれの商品でもない。そうではなく、資本とは、貨幣、生産手段、商品というさまざまな姿をとりながら、自己を維持し、しだいに増殖していく価値の「量」であると語りました。マルクスはこの一文を最初に経済学を学び始めた頃にノートに書き写し(3)、その後も何度も『資本論』の準備草稿の中で引用しており、『資本論』でもごく一部だけですが引用しています(4)。

ここでシスモンディによって示された「資本」観こそ、実はマルクスが『資本論』の中で最初に示した資本の運動形態そのものであり、私はそれを資本の形態的運動原理と呼んでいます。この運動原理にあっては目的は価値の増殖そのものであり、何らかの具体的な目標ではありません。ここに資本の運動の独特さがあります。価値というものを何か目に見える形に置き換えるとしたら、それは貨幣です。貨幣の実体は本当は価値ですけれども、価値の大きさは常に何らかの貨幣額によって表現されますから、われわれが具体的に価値をイメージしようとするなら、とりあえず一定の貨幣額として想定していただいてけっこうです。

これまでもさまざまな社会システムが存在しましたが、このような抽象的富をひたすら蓄積していくことを自己目的とするようなシステム、このような無意味なことを目的とする運動原理を持ったシステムはこれまで存在していませんでした。資本主義以前にも封建制のような社会システムが存在していましたが、そこで追求されたのはもっと具体的なものでした。家臣の数であったり、領土の広さであったり、あるいは、かつて日本の国富というのは米の石高で測られていましたが、そのような石高であったりです。いずれも具体的な何かだったわけですが、資本主義においてはそうした具体的な獲得目標があるのではなく、価値という抽象的であいまいなものをひたすら増やしていくことがアルファでありオメガになっています。

この価値を貨幣で表現するとすれば、たとえば一〇〇〇万円を獲得すれば、次には二〇〇〇万円を獲得しようとする。二〇〇〇万円を獲得したらそれで満足ではなく、次は三〇〇〇万円、四〇〇〇万円を獲得しようとする。さらには一億、二億を獲得しようとする。それでも足りず、一〇億、二〇億を獲得しようとする。そして今日におけるように、その単位が何十兆、何百兆という単位になり、そうなっても満足しようとせず、さらに税金逃れさえして、お金を無限に蓄積しようとします。一兆円もあればいくらなんでも十分だろうと普通の人は思うわけですが、そういう原理ではないんですね。どんな専制君主といえども、どんな独裁者といえども、それが生涯に使える富というのは限られています。毎日、違う高級靴を履いたとしても、生涯で履ける靴の量には物理的限界があります。しかし、価値という抽象的な富が目的になると、そこにはいかなる限界もなくなります。一兆でも足りない、一〇兆でも足りない、一〇〇兆でも足りない、そういう無意味で無制限の価値増殖運動というのがまずもって資本の形態的運動原理です。

労働者に対する支配としての実体的運動原理

次に二番目の運動原理です。いま述べた第一の形態的運動原理というのは、実は「システムとしての資本」が成立する以前から社会のあちこちに、社会の隙間やその表面上に存在していました。高利貸資本であるとか商人資本とかがそうですね。商人とか高利貸しというのは、それこそ紀元前から存在し、社会に寄生しながら富を蓄積していました。他人に金を貸し、元本に高い利子をつけて返済させて、貨幣を増殖させる、あるいは、商品をある一定額で仕入れて、それをより高い販売価格で売って、その差額を儲けるというやり方ですね。

こういう資本というのは大昔から存在しています。そういう意味では、このような形態的運動原理はそれこそ数千年前から存在し、人類の歴史に延々とつきまとっていたと言えます。しかし、社会全体の仕組み、とりわけ生産の仕組みは別の原理に基づいており、その隙間にこの資本の形態的原理が存在していたにすぎませんでした。ところが、これが次に述べる資本の二つ目の運動原理、すなわち労働者に対する支配としての実体的運動原理と結びつくことによって、世界が変わるのです。

先に述べたように、資本というのは無限の価値増殖を目的としているのだけど、どうやってそれを実現するかというと、それは実は難しい。生産のシステムを資本の原理が包摂していない段階では、資本の増殖は、先に述べたように、誰かに一定額を貸して利子をつけて返済してもらうとか、ある商品をより高い値段で売って、その差額を儲けるだとか、そういうやり方しかありませんでした。しかし、これで蓄積できるのはわずかなであり、また不安定でもあります。

しかし、この運動原理が生産のシステムそのものをつかむ場合に初めて、それは安定的かつ系統的に価値を増殖させることができるようになります。これが資本の第二の運動原理として実現されるわけです。私はこれを、労働者に対する絶え間ない支配と搾取の深化としての実体的運動原理と呼んでいます。ちなみに資本の本質を、この「労働者に対する支配」という点に見た経済学者はマルクス以前にもいました。ちょうど、資本を貨幣、生産手段、商品という姿を次々にとっていく連続した流れとみなし、そうした流れを通じて絶えず価値増殖させていくものとして把握した経済学者として、マルクス以前にシスモンディがいたように、資本の本質を労働者に対する権力、支配とみなした経済学者もマルクス以前にいたのです。それがホジスキンというイギリスの経済学者です。マルクスは『資本論』の草稿の一つで、彼のことを「現代イギリスの最も優れた経済学者の一人」と呼んでいて、彼は資本の本質を把握したと高く評価しています(5)。マルクスはいわば、シスモンディの資本規定とホジスキンの資本規定とをより正確に再定式化した上で統合することで、資本の科学的概念に到達したわけです。

商品の価値とは何か

ところで、形態的運動原理において中心となっているのは商品と貨幣です。貨幣は商品の価値を表現するものですから、この関係の基礎となっているのは結局、商品の価値です。その価値がいったいどこから生まれるのかというのが、経済学における一大問題であり、その最大の分岐点となっています。この価値の実体をめぐって経済学は一八〇〇年代後半に真っ二つに分裂し、経済学は分裂したまま一〇〇年以上も続いているという非常に珍しい学問です。そういう学問は経済学ぐらいしかなくて、たとえば生物学の世界を考えて見ますと、歴史的に、生物の多様性を説明するのに進化論と創造説というまったく正反対の考え方が存在していますね。進化論というのは、現在存在する複雑で多様な種というのは最初から存在していたのではなくて、もともとはもっと単純で少数の種から進化して、より複雑かつ多様になっていったという考え方ですね。それに対して、現在存在するあらゆる生物種は、神様が無から一気に創造したというのが創造説です。もちろんこれは学問でもなんでもないものですが、しかし人類史上、細部は違えども何らかの創造説が支配していた時代のほうがよっぽど長いわけですから、一つの考え方としては今でも有力なものです。しかし、大学の生物学の講座において、一方では進化論に基づく生物学と、他方では創造説に基づく生物学（そんなものがありうるとしてですが）とが同時に、どちらも対等な資格を持った学問として教えられていたとしたら、おかしいですよね。

しかし、経済学に関しては実際にそうなっている。労働価値説に基づく科学的経済学と、効用価値説に基づく非科学的な経済学とが、同時に、同じ学問的資格を持って教えられています。しかも最近では後者の方が有力であり、前者の科学的経済学を押しのけつつあります。まったく奇妙な話ですが、経済学という学問の持つすぐれて階級的で政治的な性質ゆえに、こういう事態になっているのです。

マルクスが依拠しているのは、もちろん、労働価値説のほうであり、この学説はマルクス以前から、古典派経済学と呼ばれる学問潮流の中で唱えられていました。ごく大雑把に言うと、商品の価値というのは、その商品を生産するのに費やされた労働時間によって規定されるという考えであり、一時間の労働は一時間分の価値を生み、二時間の労働は二時間分の価値を生むという考え方です。実際には、この大雑把な規定はかなりさまざまな留保条件やさまざまな付帯条件をつけて厳密化しないとだめなのですが（とくに、ここで言う労働とは平均的な生産条件のもとでなされる社会的・一般的な労働であり、かつその具体性を捨象された抽象的な労働であるという条件）、ここではその点ははしょって、ごく大雑把な規定で満足しておきます。

このように価値が労働によって規定されるとみなすことは、価値というのは、たとえ流通過程で実際に実現されるとしても、それ自体は生産に内在した実体的なものであるという考えをとることを意味します。したがって、資本がいくら無限に価値増殖していく運動体だといっても、価値が実際に生み出される場である生産のシステムをわがものとしないかぎり、根本的な限界がありました。それが、生産システムを包摂し支配することによって、したがってこの生産システムの中で実際に価値を生産している労働者を自己の形態的運動原理に従属させることによって、はじめて資本は、無限の価値増殖運動を本当の意味で実現することができるようになったのです。

それまでは、資本はどこまでも非自立的なものにとどまり、別の原理によって支配されている生産システムから価値を吸い上げ、あるいはその上澄みをすくい取るしかなかったわけですが、今では自ら生産を包摂し、生産を指導し、それを支配することによって、価値増殖運動に従属させるようになったわけです。では、どうやってこの二つの運動原理は結合するようになったのか、何がこの二つの運動原理を結びつけるに至ったのか、これが次の「二」のお話になります。

2、連結環としての「労働力商品」——流通から生産へ

それまで何千年と、生産のシステムと資本の形態的な運動とは分離していました。たとえばその生産システムが封建制のシステムだとすると、生産という領域は、この封建制という強固な鎧を身に着けており、そこに封じ込められていました。資本はまるでウイルスのようにその外部に存在し、このシステムを取り巻いていて、時おりそのシステムに付着して、鎧の二から管を差し込んで生産システムの内部から価値を吸い上げたり、あるいは鎧の割れ目から漏れ出てくる価値を舐め取ったりしていました。それが、長い時間が経つにつれて鎧そのものがしだいに古くなり、もろくなり、さらには鎧の中で成長した生産力によってあちこちに大きな裂け目が生じ、その裂け目からいっせいに資本というウイルスが入り込んで、やがて封建制というシステムを変質させて、このウイルスが生産システムそのものをのっとってしまい、ついには鎧そのものを破壊します。

さて、この過程において何が決定的な結節点になったかというと、一つは、生産手段、とくに土地そのものが商品となり、資本家、あるいは資本主義化した地主によってしだいに独占されていったことと、もう一つは、生産手段と並んで生産の基本的梃子（てこ）であり、価値を生み出す源泉である労働力が商品となって、資本によって購入可能なものになったことです。

生産システムにおいては基本的に労働者ないし労働を支配する者が生産を支配します。封建社会においては封建領主ないしその代理人が土地への支配を通じて労働者を間接的に支配していま

した。それに対して資本は、商品と貨幣との運動を通じて無限に価値増殖する運動体としてのその原理にふさわしい形で、労働者を直接的に支配し、生産を支配します。それを可能にしたのが、商品としての生産手段の独占と、労働力の商品化です。まずもって、封建領主と労働者との結合を粉砕し、労働者を単なる労働力の所持者の地位に還元します。その上で、この労働力を資本は商品として購入し、自己があらかじめ独占している生産手段と結合させ、自己の監督下で労働力を生産的に消費する、つまり生産的労働をさせ、生産に最初に投じた価値よりも多くの価値をつくり出す。そうやってはじめて、資本の形態的運動原理は、それを支える実体的基盤を獲得し、そうやって一つの自立したシステムとしての資本が成立したわけです。

ちなみに労働力が商品化するだけでは資本主義は成立しません。労働力が商品として売買されるという事態そのものは封建社会においても普通に見られました。雇用労働者はかなり広く存在していたのです。しかし、それはけっして、無限の価値増殖運動としての資本の形態的原理と結びついていたのではなくて、領主が戦争をするときの雇い兵としてか、城や道路などを建設するときの人夫として使用されていたのです。

「労働」から「労働力」へ

ここで、マルクス経済学の基本中の基本とも言えるお話をさせていただきます。

古典派経済学からマルクスの経済学へと発展していく中で、その理論的飛躍の一つになったのは、賃金の本質を「労働力の価値」と捉えたことです。古典派経済学においては伝統的に賃金は「労働の価格」として把握されていました。すると、労働価値説に基づくなら、たとえば八時間労働の価値は八時間分の労働の価値ですから、八時間の労働をする労働者の賃金も八時間分の価値だということになります。そうなると、では資本はどうやって利潤をあげるのかが理論的に説明できなくなります。そのために古典派経済学は理論的に行き詰ってしまいました。実際は問題の解決ぎりぎりまで迫っていたのですが、一方では労働価値説を採用し、他方では賃金は「労働の価格である」としているかぎり、資本はどうやって生産に投資した額よりも多くの価値を生産からくみ出すのかが説明できないわけです。

そこでマルクスが登場して、実は賃金というのは「労働の価格」ではなくて、労働力という特殊な商品の価値なのだということを明らかにしたわけです。労働力というのは、人間の精神および身体のうちに統合され、生産の際に動員される諸能力の総体のことですが、マルクスは、労働力商品の価値というのは主として、この労働力を生産し再生産するのに必要な生活手段の価値として把握できるのだと説明しました。この労働力の価値についてはまだいろいろと論点があるし、私もこの問題ではいくつかの論文や著作を書いていますが、ここではその点は置いておいて、とりあえず労働力という特殊な商品を通じて資本は、実体的な原理をわがものとすることができたんだという点を押さえておきたいと思います。

たとえば、労働力を日々再生産するのに必要な生活諸手段を生産するのに必要な労働時間が一日当たり平均的に五時間だとすると、この五時間の労働を行なうことで、労働者は、自分たちが生きていくのに必要な生活手段を生産することができます。しかし、それでとどまっていれば、資本家には利潤、すなわち剰余価値（マルクスは利潤の本質を剰余価値という用語で表現しました）は生じません。そこで資本家は、自らが購入した労働力を五時間以上消費しようとします。労働力をその価値どおりに買ったかぎりでは、それをどれだけの時間消費するかは、ある一定の限界内では消費者の自由だからです。私が自分の買ったパソコンを毎日五時間使おうと一〇時間使おうと自由なのと同じです。

そこで資本は、労働力を価値どおり購入して、その価値分を補填する五時間以上に働かせようとします。たとえば六時間働かせれば、資本家は、労働者に労働力の価値分として支払ったよりも一時間多い価値を生産させることができます。消費過程で生み出されたものは消費者のものですから、この余分な一時間（これを剰余労働時間と言います）も資本家のものです。しかし資本家は一時間程度ではもちろん満足せず、さらに二時間、三時間と余分に働かせ、たとえばトータルで一二時間働かせるとすると、最初の五時間の労働時間、すなわち労働力の価値分を補填する労働時間（これを必要労働時間と言います）を七時間も越えて働かせることになります。この追加的な七時間の労働が生み出す価値こそが、資本が入手する利潤の源泉となるのです。

システムとしての「資本」の成立

このように生産を掌握し、価値を直接的に生産する現場を包摂し、労働力を支配下におさめることによって、ようやくシステムとしての資本が成立します。生産を包摂した資本は、Ｇ―Ｗ―Ｐ―Ｗ′―Ｇ′という運動を描きます。最初のＧは貨幣、Ｗは商品、Ｐは生産を意味し、その次のW'は最初のWとは異なった商品を、最後のG'は最初に投じた貨幣よりも多くの貨幣を意味します。貨幣から出発して、生産に必要な諸商品を購入し、それでもって生産を行ない、そこから出てきた新たな商品を市場で売って、再び貨幣に転化させる、そういう運動です。そして、生産過程において、商品としての労働力を使用することによって、労働力自身が持っている価値以上の価値をこの労働力に生産させることによって、このダッシュ部分が生まれるということです。そして、この増殖分の価値の一部を再び生産に投じることによって、資本は拡大した規模で生産を継続することができ、そうやってますます多くの価値を生産していくことができ、したがってますます大きな規模で価値増殖することができるわけです。このような資本を産業資本と言います。産業資本こそが、システムとしての資本の本来の存在形態なのです。

生産をまだ包含していないときには、このような運動図式は描けませんでした。たとえば、商人資本の運動ですと、G—W—G'という運動形式をとります。ある商品を一定の値段で買って、それをより高い値段で売って、差額を儲けるというやり方です。高利貸し資本の場合は、G—G'という図式を描きます。貨幣を誰かに貸して、利子を伴ってそれを返済させるというやり方です。どちらにおいても生産（P）はどこか別のところに存在していて、そこで新たな価値が生み出されており、その一部を資本が外から吸い取るわけです。しかし、産業資本の成立によって、資本は生産を自己の運動の中に包摂し、商品としての労働力を支配し、こうしてはじめて、本来の資本の図式を描き出すことが可能になったわけです。

以上が、資本の運動の最も本質的な運動図式であり、いわば資本の社会的DNAになります。

これによって初めて、形態的な運動原理は実体的な基盤を持つことができ、それがやがて世界の相貌を根本的に変えていくのです。

3、「資本」のつくり出す世界――『共産党宣言』と『資本論』第一巻

マルクスが最初にこのような資本による世界の変革について生き生きと描き出したのは、一八四八年に書かれた『共産党宣言』です。その約二〇年後に『資本論』第一巻においても同じようにそうした変化を描き出すわけですが、両者は若干位相が異なります。『共産党宣言』はどちらかというと、資本の運動を世界市場的観点から描いており、歴史的であるだけでなく、すぐれて空間的で地理的です(6)。それに対して『資本論』は、厳格に体系的な著作の第一弾として書かれていますので、そこで描かれている対象は工場を中心としており、かなり限定的です。叙述は非常に緻密で厳格になっていますが、そのためかえって『共産党宣言』に見られるような躍動感が乏しくなっています。

マルクスの『資本論』の体系というのは、もともとは、「商品・貨幣」および「資本」から始まって「世界市場」で終わるという壮大なものでして(経済学批判体系)、その最初の「資本」を書いている途中でマルクスは死んでしまったので、ぜんぜん最後まで行っておりません。それゆえ、『資本論』で描き出されている資本の姿というのはかなり限定的で、資本の全体像が十分に見えてきません。『資本論』の第一巻だけですとなおさらです。そこで、『資本論』だけでなく、『共産党宣言』

も足したほうが、資本の作り出す世界をより生き生きと具体的につかむことができます。

世界市場と世界的交通

『共産党宣言』は非常に短いものですが、そこにおいては資本は何よりも世界的な交通手段を通じて世界市場を作り出すものとして描かれています。最も印象深いところを引用しておくと、たとえば次のような部分です。

ブルジョアジーは、その生産物のための販路を絶えず拡大していく必要に駆り立てられて、地球上を駆けめぐる。彼らはあらゆるところに住みつき、あらゆるところに根を張り、あらゆるところに結びつきを作らなければならない。ブルジョアジーは、世界市場を開拓することを通じてあらゆる国の生産と消費をコスモポリタンなものにした。彼らは産業の足もとから国民的基盤を奪い去ることによって、反動家たちを大いに嘆かせた。古くからの国内産業は滅ぼされ、日々滅ぼされつつある。それは新しい産業によって駆逐されているが、それの導入はすべての文明国にとって死活問題となっている。新しい産業はもはや国内産の原料ではなく、はるか遠方の土地で産する原料を加工し、それによって生産される製品は、自国だけでなく、すべての大陸で同時に消費される。国内産の製品で満たされていた古い欲求に代わって、はるか遠方の国々や気候の産物でなければ満たされない新しい欲求が登場する。古い地方的で一国的な自給自足と閉鎖性に代わって、全面的な交換、諸国民の全

面的な相互依存が現われる。(7)

ブルジョアジーは、すべての国民に、滅びたくなければブルジョアジーの生産様式を取り入れることを余儀なくさせる。彼らは、あらゆる国民にいわゆる文明を自国に取り入れるよう、すなわちブルジョアになるよう強要する。一言で言うと、ブルジョアジーは自分の姿に似せて世界をつくり出す。(8)

いま読んでもまったく古さを感じさせない文章です。まさに現代のグローバリゼーションについて語っているかのようです。『共産党宣言』の中で非常に印象深く描き出されているのは、世界的な交通手段の創出であり、それが世界を結びつけ、世界市場と世界史を作り出すということです。ある意味で「世界史」というのは資本がはじめて作り出すわけです。もちろん、世界というものが存在するかぎり、人類の発生直後から世界史は存在したとも言えるわけですが、それはあくまでも、世界のあちこちに存在する諸文明の歴史の寄せ集めにすぎません。時おり、相互交流がなされ、人間の移動や文明の混交が起こるけれども、全体として、世界はやはりばらばらなままです。それに対して、世界が実際に日常的に結合し、一個のまとまりとして歴史を持つようになるのは、まさに資本が作り出す世界的な交通によるのです。

そしてそれが同時に世界市場というものを作り出します。といっても、マルクスが『共産党宣言』を書いた時期には、実は資本主義はそれほど世界的な存在ではありませんでした。せいぜいヨーロッパと北アメリカが資本主義化されている程度で、それ以外にアジアの一部とロシアの一部が資本主義化されているだけでした。しかし方向性としては、資本がしだいに世界全体を包摂していくことになることをマルクスは予想してこう書いたわけです。それゆえ、先にも述べたように、むしろ現代においてこそ『共産党宣言』の描き出した姿がより真に迫ったものに感じられるのです。

ちょうど、この一八四八年というのは、資本の拡張運動がようやく地球の東端（ヨーロッパから見て）である日本にたどり着かんとしていた時期でした。その後、実際に資本主義的フロンティアの波が日本にも到達し、開国と倒幕のドラマが起こり、明治維新を通じて日本も資本主義世界市場に包摂されていきます。こうして、ヨーロッパで発生した資本主義は横に向かってはぐるっと地球を一周したわけです。今日ではアフリカもラテンアメリカも資本主義化されており、ブルジョアジーは文字通りの意味で「自分の姿に似せて世界を作り出」したわけです。

巨大な生産力と高度な技術

このような巨大なインパクトというのは、それ以前のどの生産様式も持っていなかったのであり、資本主義こそがそのようなインパクトを作り出しました。それが可能になったのは、資本主義が作り出した巨大な生産力と高度な技術のおかげです。

生産力や技術というのは、もちろん資本主義以前においても、徐々には発展していたし、徐々には高度化していったわけですが、しかし、そのテンポというのは非常にゆっくりとしたものでした。少し前に話題になったピケティの『二一世紀の資本』（みすず書房）というのがありますけれども、その中で、人口一人あたりの成長率がどう変化したのかということが書かれています。それによると、一七〇〇年という資本主義の成立期以前の年成長率というのはだいたい〇・一％ぐらいだという試算が出されています。それでも高く評価しすぎではないかと思いますが、まあそれが資本主義以前の成長スピードだったわけです。

グラフに描きますと、資本主義発生以前は成長曲線はほぼ平行線に近くて、ほとんど横まっすぐで、ほんのちょっぴり上に上がっている、そういう線を描きます。ところが一七〇〇年ごろを境にしてグラフの曲線は一気に上に大きく上昇していきます。総人口数やその他多くの数値もおおむねこのような上昇線を描きます。資本の形態的原理が生産をつかんだ結果がこれなのです。

資本のうちには、生産力を絶え間なく上昇させ、技術を高度化させるメカニズムが内部化されていること、このことを『資本論』は資本の運動メカニズムを分析することによって明らかにしました。

労働者の長時間労働と労働強化

そこで、資本の原理が生産をつかむことによって、単に生産力が上昇し技術が高度化したというだけでなく、生産の過程そのものも大きく変化します。価値というのは生産でしか生まれないわけですから、価値をできるだけ多く生み出すには、労働者にできるだけ長く働かせなければならないということになります。

それ以前の初歩的な製造業、たとえば都市部の手工業労働や農村の家内労働などは別の原理にもとづいて行なわれていましたから、偶発的な要因で長時間労働が生じることはあっても、恒常的に長時間労働が生じることはありませんでした。しかし、資本の原理が生産をつかむことによって、資本が持つ唯一かつ絶対的な目的である無限の価値増殖という原理に生産が従属するようになると、様相が一変します。その目的に向けて、労働者のあらゆる時間とあらゆる能力とが動員されるようになります。ここから労働者の恒常的な長時間労働と労働強化が生じるわけです。

資本主義以前には労働者の労働時間というのはそれほど長くなかったというのは、多くの歴史家や経済学者が指摘しているとおりです。昔のことですから大雑把な試算でしかありませんが、たとえば江戸時代の日本ですと、職種によって違いますが、基本的に日の出と日の入りにもとづいて働きますので、夏場で八時間程度、冬場だと五時間程度の労働になります。産業革命の祖国イギリスでは、中世期の労働時間は年に一五〇〇時間から一八〇〇時間程度ですが、これが産業革命期以降になると、三〇〇〇時間を超えるようになります。

法的な労働時間規制がなかったこの初期段階においては、すさまじい長時間労働がはびこっていました。日本でも明治期における生糸産業での女工の労働時間がどれほど長いものであったかというのは、『あゝ野麦峠』などを通じてよく知られているとおりです。

その後、労働者自身の闘いを通じてしだいに労働時間は規制されていきます。しかしこの日本では、たしかに戦後の労働基準法を通じてグローバルスタンダードな八時間労働制が成立しますが、ヨーロッパなどと違って、日本には労働時間の法的な上限規制というものが存在せず、それゆえ、労使協定を通じていくらでも残業させることができるという状況が常態化し、多くの過労死を生み出すことになりました。

最近になってようやく、労働時間の上限規制が法制化されようとしていますが、その水準たるやひどいものであり、自民党が出しているのは繁忙期には月一〇〇時間までは認めるという、十分過労死レベルの「上限」を設定しています。これは長時間労働の規制でもなんでもなく、むしろ現在行なわれている長時間労働を合法化するものでしかありません。「規制」というなら、現在平均的に行なわれている残業労働時間の半分を上限にするとか、残業を三分の一に削減するような規制を設けるとか、せめてそういうことをしなければならないはずです。

いずれにしても、資本の原理が生産をつかみ、それがしだいに全面化していくにつれて、長時間労働や労働強化というものが普遍的に生じるわけです。そしてこの長時間労働をめぐって激しい階級闘争が起こります。マルクスは『資本論』においてこの過程についてきわめて長い章を当てて論じており、この歴史的過程が長期にわたる一つの「内乱（内戦）」であったとまで言っています。これは非常に卓見であって、『資本論』の非常に重要な値打ちが実はここにあります。労働時間をめぐる労働者と資本家との階級的攻防というものにここまで頁を割いた経済学の理論書というのは他に存在しないし、今日大学で教えられている近代経済学の教科書でもまったく扱われていません。

マルクス経済学の中でも、この点を強調しない潮流も存在しますが、これは問題です。実を言うと、マルクスの『資本論』の最も重要な貢献の一つが、この長時間労働問題を資本の運動メカニズムの核心に置いたことなんですね。資本というのは何よりも労働者にできるだけ長くできるだけ過密に働かせようとする存在なのであり、ここに資本の本質を見出したということ、これは非常に重要な視点だし、これは今日においてもまったく説得力を持っているし、日本ではとくにそうです。

相対的過剰人口と貧困の蓄積

さらに『資本論』では、相対的過剰人口の発生と貧困の蓄積という問題を論じています。非常に逆説的なことに、資本というのは、一方では——労働しか価値を生まないわけですから——できるだけ労働者を増やそうとし、できるだけ多くの住民層を労働者に変えようとしますが、他方では、同時に、その労働者層の中のかなりの部分を過剰人口としてはじき出そうとします。このようなまったく矛盾した運動が資本の運動なんだということが、マルクスが『資本論』の「資本蓄積論」のところで言っていることです。

普通に考えれば、労働者しか価値を生まないわけですから、できるだけ多くの労働者を雇用したほうがよさそうに思えるけれども、そうはならない。なぜか？　一つは、これは『資本』で説明されていることですが、資本の投資額一単位あたりに必要な労働者の数が同じままで資本が拡大再生産を続けていくと、労働需要が資本の成長率と同じ程度で増えていくので、やがて労働力不足に陥り、賃金が上昇して、資本の利潤を圧迫するからです。それゆえ、資本は、投資額一単位あたりの労働者数を少なくして、労働力を相対的に過剰にしようとします。これは総資本と総労働との関係から生じる相対的過剰人口の発生メカニズムです。

二つ目は――これは『資本論』では明示的に提出されていませんが、『資本論』の叙述全体から出てくることです――、資本同士は非常に激しい競争をしていて、単純に労働者を増やし、生産される価値量を増やしたからといって獲得できる剰余価値が増えるとはかぎらないからです。できるだけ多くの労働者にできるだけ長く働かせて価値を生産過程で生み出したとしても、それは市場で価値実現されなければ、生産された大量の商品は単なる在庫となり、それは資本に剰余価値を生むのではなく、在庫費というコストをかけるだけの存在になります。市場で大量に売るためには、商品はできるだけ安くしなければならない。できるだけ安くするためには、商品一単位当たりに必要な労働量をできるだけ少なくしなければならない。そのためには、合理化、合理化を進めて、絶え間なく生産一単位あたりに必要な労働者の数を少なくしようとするわけです。これは、資本間の関係から生じる相対的過剰人口の発生メカニズムです（『資本論』第一巻の蓄積論ではこちらのほうのメカニズムは明示的に論じられていないのですが、それは、競争論については『資本論』では本格的には論じないという方法的限定のためです）。

この二つのどちらにおいても、労働者を相対的に減少させる決定的な手段は、生産の合理化と機械化とを推し進めることです。これによって資本は、一方では絶え間なく外延的に拡張して、できるだけ多くの人口を労働者に転化しつつ、他方では投資額一単位当たりの、ないしは、生産される商品一単位あたりの労働量をできるだけ少なくしようとします。外延は広がるが、内包は狭まる、こういう二重の運動ですから、当然、賃労働者の隊列に入っていく人口の数が絶対的に増大しながら、他方では資本によって直接雇用される労働者の数は賃労働者全体の中で相対的に減っていくということになり、両者の差がしだいに広がってくということになります。

もちろんこれは単純かつ機械的に進行する過程ではなく、階級闘争や資本の蓄積戦略の変化を通じて、あるいはさまざまな歴史的・地理的諸条件に応じて、この相対的過剰人口は増減するわけですが、全体としてはやはりこの過剰人口は増大する傾向にあります。そこから、失業や半失業の創出、雇用の不安定化、貧困化、労働者の地位低下などの諸現象もまた生じるわけです。

しかし、こういうお話は、一九八〇年代の日本ではあまり説得力を持ちませんでした。最初に述べたように、当時の日本経済はどんどん成長し、賃金もどんどん上がっていたからです。問題は「貧困化」ではなくむしろ「過剰富裕化」だと言いはじめるマルクス経済学者さえいました。そういう時代には、『資本論』のこの部分について説明するさいには、いろいろと言い訳めいた話をする必要がありました。たとえば、確かに先進国ではどんどん労働者は豊かになっているけれども、その代わり第三世界ではどんどん貧困がひどくなっていっているので、世界的規模で見た場合には、マルクスのこの命題（いわゆる窮乏化論）は今なお妥当しているとか、あるいは、たしかに見た目の豊かさは増大しているけれども、人々の疎外感は増大しているとか、あるいは、大企業の巨額の儲けに比べれば、労働者は相対的に貧困になっていっているとかです。これらはけっして間違いではないし、そのとおりではあるんだけども、やはりどこか言い訳めいた調子を帯びていました。

しかし今日の日本では、すでに述べたように、この命題はほぼストレートにあてはまるようになっています。それは単に長期的な不況のせいというだけではなくて、すでに述べたように一九八〇年代から一九九〇年代にかけて資本の蓄積体制が大きく転換したからです。いずれにしても、このような変化を通じて、資本そのものが内的に持っている傾向というものがよりストレートに発現するようになりました。

つまり、貧困の蓄積や格差の拡大というのは、資本の運動にとって外的なものでは全然なくて、内在的な法則だということです。マルクスはまさにそのことを『資本論』において明らかにしているわけですが、この内在的法則は常にストレートに発現するわけではない。実を言うと、マルクスが『資本論』を書いていた時点ですでに、イギリスの労働者の賃金というのは上昇傾向にありました。マルクスの『資本論』初版が出たのは一八六七年ですが、その二〇年以上前に、『資本論』の先駆となるような著作が出ています。それが『イギリスにおける労働者階級の状態』という著作で、これは盟友エンゲルスが一八四四〜四五年に執筆した大著です。この時代はイギリスの労働者の賃金はひどく悲惨だったし、労働条件も最悪で、児童労働も長時間労働もほとんど無規制でした。この時代には労働者の貧困というものが非常にリアルなものとして存在していました。しかし、その後、労働者自身の闘いもあって、またイギリス工業の世界的繁栄もあって、マルクスが『資本論』を出すころには、イギリス労働者、とりわけその中の熟練労働者の地位はしだいに改善され、賃金も上昇傾向にありました。ちなみにマルクスはエンゲルスに『イギリスにおける労働者階級の状態』の新版を出せ出せとしつこく催促していたのですが、結局、エンゲルスが出さなかったのは、そうした変化が生じていたからでもあります(9)。

ですから、資本の内在的法則というのは、常にストレートに発現するわけではなくて、労働者による階級闘争をはじめとするさまざまな要因によってその発現が妨げられ、労働者の長期的な地位向上という局面も生じるわけです。しかし、資本が資本であるかぎり、内在的法則そのものが消失するわけではないので、そうした外的な制約や労働者の運動が弱くなったならば、必然的に再びマルクスが『資本論』で描いたような傾向がよりむき出しに現われることになります。

以上が、非常に大雑把ですけれども、システムとしての資本が作り出す世界です。そしてその絶え間ない発展と拡張の延長上に、次に述べる資本の限界もまた現われてくるのです。

4、資本の「四つの限界」——労働、市場、自然、資本

マルクスは『資本論』において、資本というのは永遠に発展し続けることのできるシステムではなくて、内在的な限界を持っており、その諸限界を暴き出すことをその目的としていました。レジュメを見ていただくとわかるように、私はここで四つの限界というものを提示しています。実際にはもっとあるんだけれども、ここではいちおう四つに絞っています。

ちなみに、私が何冊か翻訳をしているイギリス出身のマルクス主義経済地理学者デヴィッド・ハーヴェイという人が比較的最近、『資本主義の一七の矛盾』という本を出版したんですが（邦訳は作品社）、そこでは資本の矛盾、あるいは限界を一七個も挙げているんですね。よく一七個も思いついたなあと感心するんですが、私はここでは一七個も挙げずに、とくに重要な四つに限定

しました。少なくともこの四つは言えるだろう、ということです。

労働の限界

一つは「労働の限界」というものです。これは『資本論』第一巻で言われていることとオーバーラップしますが、まずもって、労働者というのは無限の労働ができるわけではないということです。資本は労働者一人ひとりにできるだけ多くの労働をさせようとします。できるだけ長く働かせ、できるだけ労働の隙間を埋め、密度を濃くしようとします。しかし労働者も生きた人間ですから、生物学的な限界があるし、また単に生物学的存在なのではなくて、自己意識があり、尊厳を持った人格的存在でもあります。さらに労働者が階級的意識を持つようになれば、階級として団結し資本の横暴に抵抗しようとする存在にもなります。そうなると、資本が望むように、個々の労働者をその生物学的限界まで熱心に働かせようとしても、そうはいかなくなります。日本では比較的、資本の理想どおりの働かせ方が浸透しており、ここに日本資本主義の異常さが示されていますが、いずれにせよ、個々の労働者に対してなしうる労働には、そうした自然的・社会的・階級的限界が存在するということです。そして、資本が獲得する利潤の根源はこの労働が生み出す剰余価値ですから、この労働の限界は資本にとって致命的な意味を持っているわけです。

そこで資本はそうした限界を突破するべく、いろいろと画策するわけです。一九〇〇年代初頭にアメリカで普及したテーラー主義やベルトコンベアー型生産システム（フォード主義）、さらに戦後日本における日本的経営というのは、そうした労働の限界を突破するための種々の方法でした。けれども、そうした限界を一定突破しても、また再び新たな限界が現れてくる、という繰り返しになります。

労働の限界は、個々の労働者における限界として現われるだけでなく、賃労働者として確保しうる労働人口の限界としても現われます。資本の蓄積の進行とともに、賃労働として動員できる労働力はしだいに枯渇してきます。これは、労働者の側のしかるべき闘争がある場合には（この条件は重要です）、賃金の上昇をもたらし、利潤率を低下させ、資本蓄積を阻害します。この限界を突破するために、すでに述べたように、資本は機械化を推し進め、相対的過剰人口を作り出そうとするわけです。

しかし、これも万能ではありません。まず第一に、機械化を推し進めれば、資本の有機的構成（可変資本に対する不変資本の割合）が上昇し、利潤率が低下するからです。第二に、たとえ資本の有機的構成を高めても、信用などの助けを借りて資本蓄積が急速に進めば、やはり労働力が不足する事態に陥るからです。

そこで資本は労働力の限界を突破するために、これまで賃労働者ではなかった女性や農民、高齢者、ときには子供までも動員しようとします。児童労働は今日では先進国で法的に規制されていますが、第三世界ではまだかなり大規模に存在しており、国際的な問題になっています。それに対して先進国では、児童労働の代わりに高齢者が労働力として動員されています。福祉の削減や年金支給開始年齢の引き上げ、年金額の減額などは、一方では財政赤字を減らす手段でもありますが、他方では労働力不足を解消し、資本にとっての「労働の限界」を突破する手段でもあるわけです。とくにこの日本では高齢者の労働力化が急速に進んでいます。そして再雇用された高齢者は同時に低賃金労働者でもありますから、この面でも労働の限界を突破するのに役立つわけです。

資本はさらに、動員する労働年齢を拡大するだけでなく、地理的にも動員対象となる労働者を広げようとします。資本が、低賃金女性労働者が多くいるバングラディッシュやベトナムなどに進出したり、移民労働者を国外から「輸入」したりするのは、その端的な事例です。これらの労働者はたいていの場合、まったくの未組織で、社会的・法的地位も低く、反抗しにくい状況にあるので、資本にとっては格好の搾取材料となるわけです。

こうして見ていきますと、実は資本の運動の多くは、絶えず「労働の限界」を突破しようとする資本の内在的傾向によってかなりの程度説明がつくことがわかります。「限界」と言いますと、単に運動を抑える働きをしているだけに聞こえますが、絶えず限界を突破して無限の価値増殖を果たそうとする資本にとっては、まさにこのような限界の存在こそが、その運動を促進する役割をも果たすわけです。しかし、限界そのものはなくならないので、資本は限界を絶えず突破しながら、絶えず新たな、そしてより高度でより困難な限界にぶつかっていく、そういう矛盾した存在なのです。

市場の限界

次に二番目の限界である「市場の限界」についてお話します。「市場の限界」というのは主として『資本論』の二巻で展開されているものです（明示的にではなく実質的に）。生産過程でいくらたくさん労働させて、いくら多くの価値を生み出させたとしても、それは商品という特殊な物的存在のうちに閉じ込められており、この商品が市場で実際に売れて、貨幣に再転化して初めてそれは利潤になるのです。そうならなければ、それは単に過剰な在庫としてむしろ利潤を圧迫し、ひどければ、倒産の原因にさえなります。ですから、ただ生産すればいいというわけではありません。それが、それ以前の生産システムと大きく異なる点です。資本主義以前の生産と搾取のシステムにあっては、生産された使用価値が使用価値として搾取され、使用価値として支配層によって享受されます。たとえば米であったり、絹であったり、日用品であったり、あるいは生産物でさえなく、城や墓や道路を建設する直接的な労役としてであったりです。ところが、資本家が求めているのはそうした使用価値でも直接的な労役でもなく、「価値」であり、市場において貨幣に転化されて初めて儲けになるのです。ですから、生産過程でいくら長時間労働させたとしても、それによって生産された大量の商品が市場で売れなければ何の意味もありません。

ところが、この市場というのは個々の資本家によってコントロールされているわけではありません。生産過程においては個々の資本家は支配者であり、生産過程を支配していますから、そこではある程度専制君主のように振る舞えるけれども、市場ではそうはいきません。そこでは無数の資本家、無数の専制君主がいます。個々の資本家はその一人にすぎません。もちろん、現代は独占資本主義の時代ですから、それらの専制君主には、大君主もいれば、小君主もいるというように、資本家の中で重要な分化が生じていますが、だからといって市場を特定の資本家が完全にコントロールするということにはなっていません。その中では激しい競争が行なわれますから、自分の生産したものが売れるとはかぎらないわけです。これが「市場の限界」の一つの側面です。

　しかし、そもそも市場には全体としてその商品吸収量にさまざまな限界があります。たとえば労働者向けの商品の市場を見ますと、そこでは消費者、買い手は労働者です。そこで生産過程における資本の衝動と、市場ないし流通過程における資本の衝動との間に対立が生じます。資本は生産過程においては個々の労働者にできるだけ少ない賃金でできるだけ多く働かせようとします。そうすればするだけ、剰余価値（労働者が受け取る価値と労働者が生み出す価値との差額）が増大するからです。ところが、それを闇雲に追求しますと、今度は労働者は商品の買い手としては貧弱な存在になってしまい、いわゆる有効需要が大幅に制限されるという事態が生じます。資本家は生産過程においては労働者にできるだけ安く支払おうとしますが、流通過程においては資本家は労働者ができるだけ多くのお金を持っている存在であってほしいと思っています。これは深刻な矛盾であり、資本が抱える多くの矛盾の一つです。

　この矛盾が非常に顕著に現われているのが現代日本の資本主義であって、日本の資本家たちは労働者の賃金をできるだけ安くし、非正規雇用をできるだけ増やそうとしていますが、そのことによって労働者向け市場は縮小し、物が売れないという現象が普遍的に起きています。物が売れないから商品を安くしなければならない。商品を安くするためにますます賃金を安くし、労働時間を長くしようとする。なのでますます有効需要が縮小するという悪循環が生じています。これが今日の日本の長期不況（安倍政権は戦後最長の好況と呼んでいますが）をいつまでもずるずると引き延ばしている最も大きな要因の一つです。

市場の限界は労働者との関係で国内的に生じるだけでなく、国際的な限界としても発生します。すでに述べたように、資本はますます国内のみならず、国際的にもその活動範囲を広げていく存在ですが、これも国内市場の限界を国際的に突破していこうとする資本の内在的傾向の現われです。たとえば日本の企業は、国内であまり物が売れないので、輸出を増やしたり、そもそも生産の拠点を海外に移したりして、国内市場の限界を克服しようとします。

しかし、世界市場も無限ではありません。実はマルクスが『資本論』を書いていた時代には、世界のかなりの部分はまだ資本主義ではありませんでした、あるいは部分的にしか資本主義ではありませんでした。しかし今日では、資本は真にグローバルな存在となり、アフリカ大陸もいよいよ資本主義の網の中にがっちりと組み込まれつつあります。今日、アフリカは、貴重な資源の宝庫としても（この点は「自然の限界」のところで再論します）、また商品を販売する市場としても、また戦略的な投資対象としても、決定的な意義を持ちつつあります。いま一番経済成長している国の一部はアフリカに存在しており、次々と大規模なビルや道路が建設されつつあります。しかし、逆に言えば、もはやそういう大規模な新市場はアフリカにしかないということでもあります。

自然の限界

次に三つ目の限界である「自然の限界」に移りましょう。これは『資本論』の第一巻と第三巻で指摘されているものです。

資本というのはすでに述べましたように、価値という抽象的な富を無限に追い求め続けるシステムですが、この価値というのは、具体的な使用価値を生産することを通じてしか生産されないという根本的な制約を持っています。そうすると、価値は何らかの使用価値によってしか担われないので、価値を無限に生産する中で、当然、その価値生産の中に引き込まれていく自然の富というのも増大していきます。どんな複雑な使用価値も、その起源をたどっていけば必然的に自然そのものに行き着きます。その自然に労働が加えられて生産物となり、それが売買の対象とされて商品となる。そしてその加えられた労働の平均量が商品の価値になる。しかし、そうした労働をすべて差し引けばそれらは最終的には単なる自然物です。そしてこの自然物というのは、地球という有限な惑星の中にしか存在せず、さらにその中で人間労働の対象となりうる自然物にはなおのこと限界があります。

ですから、資本の運動というのは、一方では、既存の自然をできるだけ使用しつくし使い捨てにする運動であると同時に、他方では、今まで利用できないと思われていた自然物に新たな使用価値を見出していく絶え間ない運動でもあります。科学や技術の発展を通じて、これまでとうてい原材料としてあるいはエネルギー源としては使い道がないと思われていた自然物や、あるいは加工の過程で排出されるような廃棄物、そういうものに資本にとっての使用価値を新たに見出し、開発し、商品に転化していく、そういう絶え間ない歴史が資本の歴史の一側面でした。この点については、マルクスは『経済学批判要綱』という、『資本論』の最初の草稿の中で詳しく述べています。

〔資本主義の発展とともに〕新たな欲求が生産され、新たな使用価値が発見され創造される。……したがって、諸物の新しい有用な属性を発見するための全自然の探求、あらゆる異郷の風土・地方の生産物の普遍的交換、自然対象に新たな使用価値を付与するような、それらの新たな（人工的な）加工。……利用できる新たな対象を発見するための、また旧来の対象の新たな使用価値を発見するための、地球の全面的な探求、したがって自然科学の最高度の発展。(10)

このように、資本の運動というのは、自然の限界を絶え間なく突破していって、地球全体を自己の価値増殖のための巨大な材料に、巨大なガソリンスタンドにしようとするわけです。たとえば、ビルや道路や橋を建設するときに必要不可欠な材料がセメントです。硬くて軽くて加工しやすいコンクリートの材料となるやつです。実は古代ローマ時代にはセメントを作る技術がすでに存在していて、あの巨大な建造物を作るのに用いられていたそうですが、それが中世期に忘れ去られてしまいました。そのため、建造物の材料としては通常の石や木材やレンガなどが使われていました。ところが資本主義が勃興すると、巨大な建造物を大量に作らなければならなくなります。工場にしても道路にしてもすべてそのための材料が必要になります。そのために多くの石や木材が消費されます。とくに木材は燃やしてエネルギー源になりますが、資本主義の勃興は同じく大量のエネルギーをも必要とします。鉄鋼を生産するのには鉄などを溶かすのに莫大な木材を必要とするようになります。そのおかげで、建造物の材料である石材や木材が絶対的に不足するようになり、その価格は急上昇するようになります（石材危機、木材危機）。

このまま進みますと、資本主義は労働や市場の限界にぶつかる以前に自然の限界にぶつかることになります。そこで資本主義の側は、必死になって、石に代わる建造物の材料、あるいは木材に代わるエネルギー源を探し出そうとします。そのために多くの科学者や技術者が動員されます。そうやって必死で新たな材料開発が進んだ結果、ついにセメントの作り方が一八世紀にある科学者によって再発見され、これが砂利と混ぜられてモルタルになり、コンクリートの材料となったわけです。その後さまざまな改良が加えられ、セメントの材料も自然のものから人口のものになって、なおいっそう大量生産が可能になりました。こうして、資本主義が作り出す壮大な都市建設が可能となったのであり、われわれがよく知る近代文明のコンクリート建造物群が可能となったのです。

そして木材の代わりとなるエネルギー源としては、みなさんもご存知のように石炭や石油という化石燃料が発見され、大規模に利用されるようになりました。地球表面に生えている生きた生物資源から、地下の奥深くに眠っている化石資源へとエネルギー源が移行することによって、ずっと安く大量のエネルギー生産が可能となっただけでなく、地球表面を工場や道路や生活に使えるようになりました。もし地球の内部に石炭も石油もたまたまなかったとしたら、資本主義はこれほど発展することもなかったでしょう。あるいは、地球上から森林資源が完全になくなるまで急速に森林伐採が進んだかもしれません。

しかし、こうして古い「自然の限界」は突破されましたが、新たな「自然の限界」が生まれています。たとえば建造物の材料としてのコンクリートですが、コンクリートの生産にはセメントに砂利を加えなければなりません。ところが、この良質の砂利が不足しつつあり、値段が上がっています。そのため、無断で山を削ったり、海底から砂利を無許可で採取したりする違法業者が後を絶たず、国際的な大問題になっています。

またエネルギー源に関しては、ご存知のように、この石炭や石油にもその埋蔵量には限界が存在しますので、今度は原子力の開発が進みました。しかし、この原子力エネルギーはさまざまな深刻な問題を抱えており、この日本では悲惨な原発事故としてその問題が最悪の形で爆発しました。

さらに、石炭や石油による発電は、その埋蔵量とはまったく別の「自然の限界」にぶつかりつつあります。それが地球の温暖化問題です。これは文字通り地球規模の問題であり、人類の運命そのものにかかわる「自然の限界」です。みなさんも実感しているように、日本の夏はますます長くなり、ますます暑くなり、五月からすでに三〇度を越える日が頻繁に生じています。そしてその結果として、とてつもない豪雨やハリケーンが各地で起こり、大規模な自然災害を生み出しています。地球上で砂漠の面積がますます広がり、作物可能な地域がどんどん減っていき、川や湖が干上がり、深刻な食糧問題や旱魃被害をもたらしています。これらも深刻な「自然の限界」です。

同じく、昨今深刻になっているのはレアメタルという資源問題です。パソコンやスマホなどの電子機器に、一個あたりの使用量はごくわずかだけど必要不可欠な金属として用いられているのが、タングステンとかクロム、リチウム、マンガン、ニッケルなどのレアメタルです。レアメタルというのは地球上にごくわずかしか存在せず、しかも非常に偏ってしか存在していません。その最大の生産地はアフリカと中国ですが、アフリカに眠るレアメタルをめぐって欧米や日中の多国籍資本や世界の大国がしのぎを削っており、そのあおりを受けて現地で部族同士の内戦が生じたり、むごい人権侵害が頻発しています。われわれが日常に使うスマホの材料のために地球の反対側で内戦が起き、人々が大量に死んでいるのです。

マルクスが『資本論』で取り上げたのは、そうした最新の事例ではもちろんなく、農業における土地の疲弊や森林伐採、河川の汚染などのもっとプリミティブなものでしたが、それでも資本はその発生以来、絶え間なく「自然の限界」にぶつかってはそれを突破し、その突破によってますます大規模でますます深刻な「自然の限界」を現出させるということを繰り返してきたわけです。

資本そのものの限界

最後に第四の限界である「資本そのものの限界」についてお話しします。これまで述べたさまざまな限界と並んで、とくに『資本論』第三巻で最も強調されているのは、「資本そのものの限界」です。「労働の限界」「市場の限界」「自然の限界」、いずれも資本にとって深刻な限界ですが、それはある程度資本にとって外的な限界でした。「労働の限界」を外的と呼ぶのは、労働そのものが賃労働としては資本の内部に属しているので、いささか語弊がありますが、生物的・社会的存在としての労働者はそれ自体が丸ごと資本の内部に位置しているわけではないので、そういう意味では「外的」と言えます。それに対して、マルクスは資本そのものに限界があるんだと言います。資本にとって存在するさまざまな限界はけっして絶対的なものではなく、それらを絶えず突破していくことで資本は発展し、変容し、拡大してきましたが、そのような突破の過程そのものが「資本そのものの限界」を深めていくんだというのがマルクスの主張するところです。

では、その「資本そのものの限界」とは何かというと、それが利潤率の歴史的・傾向的低下という現象です。『資本論』全三巻はまさにこの法則の証明を一つの重要な課題として書かれたと言っても過言ではありません。何度も言ってきたように、資本は何よりも無限の価値増殖を求める存在です。この価値増殖の度合いを示すのが利潤率です。ですから、この利潤率が下がるということは、資本にとってその最大の内的動機が、その存在理由、その根本原理がしだいに枯渇していくこと、なくなっていくことを意味しますから、まさに「資本そのものの限界」がこの利潤率低下という現象に示されているのだとマルクスは考えました。

実を言うと、マルクスの『資本論』が出版された頃の先進国の平均利潤率というのはかなり高い水準にありました。ある研究によると当時はだいたい四〇％前後ぐらいだったそうです。ところが現在ではそれは一〇％程度になっています(1)。

といっても、利潤率というのは実は算定しにくい数字でして、資本家が自分たちの儲けをすべて素直に公開しているわけではないし、また何をもって利潤とみなすのかは一つの論争テーマでもあります。さらには何を分母に持ってくるのか、何を費用とみなすのか、何を資産とみなすのかについても、論者によって大いに意見が分かれます。マルクスは『資本論』で、剰余価値を不変資本（生産手段）と可変資本（賃金）の合計（総資本）で割った値を単純に利潤率としていますが、これにしても、剰余価値の大きさを実際に算定するのは非常に難しいですし、また、不変資本に減価償却分を入れるのか入れないのかで数字が大きく変わるし、減価償却をどれぐらいの額として見積もるのかも実は難しい問題です。このように利潤率というのは実はなかなか一筋縄ではいかない問題ですが、それでもさまざまな指標や資料を用いてだいたいの概算を割り出すことはできますし、それを時系列に並べることで、一定の傾向を導き出すことは十分可能です。そういう風にして少なからぬ研究者が利潤率を算定しているわけですが、その時系列表を見ますと、ぎざぎざを描きながらも、基本的にしだいに下がっています。まさにマルクスが『資本論』で理論的に明らかにしたとおりの結果になっているわけです。

ではなぜ利潤率の低下が起こるのか？　資本は、「労働の限界」や「市場の限界」や「自然の限界」を突破しようとしていろいろやるわけですが、そのことによってしだいに資本は、総資本に占める不変資本の割合を高めていくことになります。逆に、総資本に占める可変資本の割合が相対的にどんどん小さくなっていきます。これは先に述べた相対的過剰人口を生み出すメカニズムでもあります。

資本主義は生産性を絶え間なく増大させていくシステムですが、生産性が高まるとはどういうことかというと、生産物一単位あたりに占める労働の割合が少なくなること、逆に言えば、一単位当たりの労働によって生産される生産物の量が増大するということです。これは一単位あたりの労働によって消費される生産材料の量がますます増大し、ますます大規模な機械などを用いることを意味します。たとえば、現在の製造業の機械化された工場などを見ますと、労働者は最初に材料を投入するところと、最後に出てきた大量の商品を目でチェックしたり、箱に詰めたりするところにしかおらず、その中間はすべて自動機械によって作業が行なわれています。ですから、資本はその生産性を増大させればさせるほど、非常に大雑把に言えば、総資本に占める可変資本の割合がどんどん下がっていくということになります。

ところが、価値と剰余価値というのは労働者しか、すなわち可変資本からしか生まれないわけですから、この部分が相対的に小さくなるということは、どんなに個々の労働者にできるだけ多くの剰余価値を生み出させたとしても、総資本の中ではこの剰余価値の占める割合もまたますます下がっていくということになります。利潤の実体は剰余価値ですから、結局、それは、総資本に占める利潤の割合が下がっていくということ、つまりは利潤率がしだいに小さくなっていくということを意味します。現在の大規模製造業だと利潤率は三％とか四％という水準になっています。

こうして、利潤率というのは資本主義の発展とともにますます下がっていくことになります。といっても一直線に下がっていくわけではなくて、上下への絶えざる波を通じて傾向的に下がっていきます。とくに、何らかの画期的な新市場が開拓されたり、生産手段の価値を劇的に下げるような何らかの発明や新たな安価な原材料や安価なエネルギー源が見つかったりすれば、一時的に利潤率は上昇します。これはまさに先ほど述べた「市場の限界」や「自然の限界」の突破のことですね。しかし、それはあくまでも一時的なことであって、安い原材料も大量に使えば、結局トータルでは大きな価値を消費することになり、それをますますより少ない労働で動かそうとするわけですから、結局、利潤率は再び下がっていきます。

利潤率が下がっていくという現象自体はマルクス以前からよく知られていて、多くの経済学者がこの問題の原因を探求しましたが、その原因をきちんと説明できませんでした。マルクスはそれを資本内在的に説明したわけです。資本の運動そのもの、すなわち絶えず生産規模を拡大し、絶えず労働を合理化し節約していくというその資本の運動そのものが、トータルで見れば、利潤率を下げるという帰結を生むのだということをかなり説得的に明らかにしています。

生産力が増大し、資本に占める不変資本の割合が増大するということは、資本の発展そのもの、その成長そのものを意味していますが、それが同時に資本にとって投資や成長の最大の動機である利潤率を下げるというこの矛盾は、まさに資本そのものの運動に内在する矛盾です。マルクスはこうした事態を、「資本にとって資本そのものが制限になる」という言い方で表現しています。

5、資本の諸限界と現代資本主義

以上見たように、さまざまな限界と制限が資本というシステムには存在しており、この限界を何とか突破しようとしては新たなより深刻な限界にぶつかり、あるいは、ある限界を突破することで別の限界にぶつかったりしながら、資本は外延的にも内包的にも拡大していきます。このことが、現在資本主義におけるさまざまな現象を生み出しています。ここではその中のいくつか代表的なものだけを取り上げましょう。

先進国における非定型労働と第三世界における定型労働

最初に取り上げるのは、まずは労働の問題です。レジュメに「先進国における非定型労働の搾取と第三世界における定型労働の搾取」と書きましたが、すでに何度も述べているように、価値の源泉は労働であり、どんなに機械化が進んだとしても、価値源泉としての労働を手放すことは資本にはできません。しかし、先進国においては、新自由主義によるさまざまな規制緩和や労働組合の衰退、実質賃金の長期的低下にもかかわらず、利潤率を劇的に回復するほどの低賃金労働を大量に確保できるわけではありません。またさまざまな法的規制もそれなりに残っているし、組合も一定機能しているという現状があります。そこで定型労働の典型である製造業、とりわけ手の労働に直接依拠するようなアパレル産業などはどんどん海外に、とりわけ、法的規制が弱く、組合もほとんど存在せず、女性や子供の低賃金労働が大量に確保できる第三世界に移転していっています。こうして、この第三世界においては製造業の定型労働が大量かつ過酷に搾取されているわけです。

そこではまさに、先進資本主義国の勃興期に見られたような劣悪な労働環境の下で過酷な労働が行なわれ、労働者への虐待、人権侵害、悲惨な労働災害が多発しています。有名なのは、二〇一三年にバングラディッシュで起きたビル倒壊事件です。バングラディッシュというのは今では世界的に多国籍アパレル産業が多くの工場を置いている国で、その輸出品目でも衣料品がきわめて重要な位置を占めています。ユニクロやGAPの安い衣料品はそういうところで作られているわけです。そのバングラディッシュの首都ダッカで、二〇一三年にそうした衣料工場が入っているビルが突然倒壊して千人以上の労働者が亡くなるという悲惨な事件が起きています。そこでは大量の低賃金女性労働者がミシンを使ってシャツやジャケット、スカートなどを縫い合わせる縫製労働をしていました。縫製というのは今でもなかなか自動化しにくくて、結局、人間がミシンを使ってやるのが最も正確かつ効率的にできるんですね。基本的に手の労働に依拠しているので、膨大な労働者を必要とします。そこで、バングラディッシュやベトナムなどの第三世界の低賃金女性労働者を大量に雇い入れて労働させていたわけです。

さて、ダッカにあったそういう工場の一つで、何千台ものミシンがいっせいに動き、さらにそれらを動かす大元のモーターもすごい音を立てて動いていたわけです。それらが連動して大きな振動を作り出し、それがしだいにビルにダメージを与えていって、ついにビルそのものを倒壊させたんですね。通常、そのような振動でビルは倒壊しないのですが、なぜ倒壊したかというと、ビル建設に手抜きがあったのです。本来はそのような大きな振動にも耐えうるように補強しておく必要があったのに、そのための費用を節約したわけです。これはマルクスが『資本論』第三巻で力説している「不変資本充用上の節約」の典型例です。資本の側が利潤率を上げるために、労働者の生命や安全にかかわる設備や補強のための費用を節約し、その結果として炭鉱などで多くの労働災害が起こっているということを、マルクスは非常に熱心に告発しています。まさにその典型例がダッカの縫製工場で起こったわけです。補強の費用をケチることで節約できる費用などたかが知れているのに、そのわずかな費用を節約した結果、一〇〇〇人以上の労働者が殺されたわけです。

バングラディッシュではその種の労働災害が他にも多く起きています。たとえば、この種の縫製工場で、たこ足コンセントがむき出しのまま放置されていて、そのたこ足コンセントに埃がたまり、それが電気の熱で発火して、大火事になりました。しかも、火事が起こった場合の避難経路も確保されておらず、狭い工場にギューギューに労働者を詰め込んでいたため、いっそう被害が拡大し、一〇〇人以上が火事で亡くなっています。

これが第三世界で起こっていることです。多くの手の労働を必要とする定型労働に関しては、労働の限界を突破するために、第三世界に工場を大量に移して、そこで過剰搾取をしています。私たちが日常的に身につけている安い服をつくる過程で、このような悲劇が生じているのです。

では先進国ではどうか？　ここでも非正規労働者や移民労働者を用いた定型労働の過剰搾取は存在しますが、先進国においてより特徴的なのは、非定型労働に対する過剰搾取です。最近話題になりました電通での女性社員の過労自殺問題など、多くの過労死、過労自殺がこの日本で起きていますが、その被害者の多くはいわゆる単純労働者ではないんですね。もちろん単純労働の世界でも深刻な過剰労働が起きているんだけれども、多くは非定型労働に従事している労働者です。

非定型労働というのは、労働時間に比例して生産物や成果が生まれるわけではありません。工場などでの定型労働というのは、おおむね労働時間に比例して商品が生産されるんだけれども、非定型労働はそうではありません。そのため、まだ「成果」が出ていないと称して、いくらでも長時間労働を労働者に強いることができるんです。その結果が、あの電通の過労自殺です。そしてこの種の非定型労働は、直接的な成果が目に見えないので、労働する側も、自分は成果を出せていないと思い込まされ、自ら長時間労働をやってしまうということが起こりがちであり、また成果が目に見えないことで心理的ストレスを強く受けたり、自尊心を削られたりすることが多く、このことがいっそう労働者を追い込むわけです。

第三世界における定型労働の過剰搾取と先進国における非定型労働の過剰搾取、あるいは、先進国内部での、非正規労働者や移民労働者における定型労働の過剰搾取と正規労働者における非定型労働の過剰搾取、これが現代資本主義の労働現場でかなり普遍的に起こっている事態です(12)。

新自由主義、グローバリズム、金融資本主義

資本が直面するさまざまな限界を乗り越える現代資本主義の動向を典型的に示すのが、一九八〇年代から顕著になり始めた新自由主義と金融資本主義という流れです。

先に述べた四つの限界は、相互にある種のバーター関係にあります。たとえば「労働の限界」を突破しようとして資本が賃金を切り下げれば、それは「市場の限界」を深刻化します。逆に労働者の賃金をアップさせれば、「市場の限界」は緩和するけれども、今度は資本にとっての「労

働の限界」が深刻化する、等々です。資本がこの二つの限界のいずれを重視するかで、資本の発展戦略の基本点が決定されてきたとも言えます。

たとえば、戦後の福祉国家型資本主義は、賃金の上昇、福祉の充実などを通じて国内の有効需要を高めることで(「市場の限界」の突破)、安定した経済成長を獲得しようとしました。これによって深刻化する「労働の限界」は、女性の労働力化と移民労働者の受け入れによって緩和しようとしました。しかし、この緩和策によっても「労働の限界」は克服できず、一九七〇年代になると、それは資本の許容範囲を超えて深刻化するようになりました。資本の利潤率が劇的に下がり、経済成長そのものも頭打ちになりました。そこで資本は戦略の抜本的見直しをはかります。こうして、一九八〇年代には、今度は「労働の限界」の突破を戦略的目標とする新自由主義型資本主義が登場します。労働組合や労働者政党などの労働者の組織を攻撃・解体し、その一環として、また新たな資本投資分野として公共部門を民営化し、労働者の賃金を低く抑え込み、非正規労働を増やし、労働法を緩和ないし骨抜きにし、資本蓄積の制約となるようなさまざまな規制を撤廃していく、等々です。それによって「労働の限界」を強行的に突破し、利潤率を引き上げたわけです。これによって国内市場の限界は深刻化しましたが、資本は今度は、グローバリズムによる国際市場の開拓と、経済の金融化による擬制資本(株や金融商品)市場の開発によってこの「市場の限界」を緩和しようとしました。この流れが現在でも続いているわけです。

新自由主義、グローバリズム、金融資本主義という現代資本主義に特徴的な傾向は、もちろん資本の三つ目の限界と四つ目の限界にもかかわっています。たとえば、深刻な「自然の限界」にぶつかったとき、資本は、すでに述べたように、一方では、より安価により大量に獲得できる原材料やエネルギー源を求めて地球の表面のみならず地中内もくまなく探索し、世界中に進出し、略奪を通じてそれを手に入れようとします。石油をめぐって戦争が起き、先ほど述べたレアメタルをめぐって内戦が起きているほどです。これがグローバリズムの流れを後押ししています。しかし他方では、資本は、自然を直接の対象にしなくても資本蓄積をすることのできる分野や手段を開発しようとします。その一つがサービス経済化であり、もう一つが金融資本主義の流れです。株や国債や通貨やその他さまざまな金融商品、さらに最近のビットコインのような仮想通貨も、使用価値としての実体も価値としての実体も伴わない擬制資本です。この擬制資本に過剰になった資本を投じることで、擬制資本を蓄積することができます。現在、多国籍大企業や大金持ちの個人が有している巨額の資産の大部分はこのような擬制資本から成り立っています。

さらに、「自然の限界」の存在そのものが投機のための市場を生み出します。土地の取引や原油に対する先物市場や金《きん》の取引などはその典型です。「自然の限界」が存在するゆえにこそ、これらの商品の価格は上昇しやすく、投機の対象となりやすいのです。資本はその蓄積運動においてさまざまな限界にぶつかってはそれを突破するだけでなく、限界そのものから市場を作り出すという実にずぶとい存在です。

新自由主義やグローバリズム、金融資本主義が、利潤率の上昇につながっていること、したがって利潤率の低下という「資本そのものの限界」の突破に関係していることはもはや縷々説明するまでもないでしょう。

利潤からレントへ

さらに、現代資本主義において特徴的なのは、生産を通じた利潤（剰余価値）の取得から、レントの取得へという流れが存在することです。もちろん、第三世界の定型労働や先進国の非定型労働に対する過剰搾取があるわけですが、それだけでは十分に儲けがあがらないので、生産を通じた利潤（プロフィット）の取得から、富の源泉の私的独占に基づいたレントの取得へという大きな流れが生じています。

いま「レント」という聞きなれない言葉を使いましたが、これは経済学用語です。最も典型的な「レント（rent）」は、『資本論』第三巻で主要に扱われている地代のことですね。土地を所有している者がその土地を他人に貸して、その賃貸料を借り手から収入として受け取る、これが「地代」（土地レント）です。家を貸して家賃を取得する場合も同じで、この家賃もレントの一種です。この地代や家賃がレントの典型例なので、「rent」の一語で「地代」と訳される場合が多くあります。しかし、実際には、地代（あるいは家賃）はレントの一形態にすぎません。レントというのは、簡単に言えば、社会的に必要とされる何らかの富ないしその源泉、何らかの権利や資格、何らかの場所といったものを私的に独占することができ、それらの富や場所を必要とする人々にそれを有料で（あるいは形式的に無料でも広告掲示を通じて）使用させることによって、その使用者（ないし広告主）から何らかの料金を取得するとき、その料金のことを言います。利潤ないし剰余価値というのは、実際に何らかの商品が生産され、実際に新たな富が生み出されて、その過程で生み出される価値の一部が、生産手段の所有者ないしその支配者に取得されたものです。ところがレントは、新たに価値を生み出したり、新たに何らかの富を生み出しているのではなくて、すでに存在する使用価値や場所などを、私的所有権を通じて独占することによって、その独占権を利用して獲得する利益のことです。多くの人によって必要とされる何らかの物や場所があって、それが誰かによって私的に独占されている場合、これらの物や場所を使いたければ私にお金を支払いなさい、というのがレントの取得の仕組みです。

生産を通じた利潤（剰余価値）の搾取から私的独占に基づいたレントの取得へという流れは、現代資本主義がぶつかっているさまざまな限界から生じている事態です。すでに述べたように、資本は現在、種々の限界に深刻にぶつかっており、生産に資本を投資してもなかなか利潤が上がらないという現実があります。がんばって生産に投資して、時間をかけて生産をして、さらに市場でがんばって売っても、わずか三％とか四％という利潤しか上がらないわけです。それなら、そんな時間のかかる面倒なことをするよりも、社会的に広く必要とされる何らかの財、つまり本来は社会的共有財になるべき富や場所や知識を独占して、その私的独占に基づいて使用料を人々から取ったほうがはるかに効率的に、はるかに短期間で儲けを得ることができるということになります。

新自由主義が何よりも公共部門を民営化したり、今まで私的所有権の設定が認められなかった分野に規制緩和を通じて私的所有権を設定することを認めたり、著作権などの知的所有権を強化しようとしたりするのも、同じ流れです。

資本主義の歴史的使命は本来、封建的な伝統的・家父長的独占体制を打破して、諸個人の人格的自由を実現し、生産力を上昇させ、技術を高度化させることにあります。しかし、二一世紀の資本主義は、さまざまな限界にぶつかる中で、現実に何かを生産するよりも、社会的共有財になるべきものを私的に独占し、かつて封建領主が農民から貢納や小作料を取ったように、レントを使用者から奪い取ることにますます傾倒していっているわけです(13)。

資本の二つの運動原理の相対的分離

以上の傾向は、今日の講演の最初のほうでお話した資本の二つの運動原理にひきつけてみたなら、両者結合して資本主義を成り立たせていた資本の二つの運動原理、すなわち、無限の価値増殖運動としての形態的運動原理と、生産過程における労働者に対する支配と搾取の絶え間ない深化としての実体的運動原理とが、相対的にますます分離しつつあるものとして理解することができます。本来、資本主義というのは、無限の価値増殖運動としての形態的運動原理が生産を包摂することで初めて成立するわけですが、生産の方がさまざまな限界にぶつかっている中で、形態的運動原理が実体的運動原理から再び分離して(もちろん相対的な分離ですが)、一人歩きするようになっているわけです。

しかし、この新しい分離は、資本主義成立以前に存在していた形態的資本の場合とは質的にも量的にもまったく異なります。資本主義以前にも高利貸し資本や商人資本というのは存在していて、生産を直接に包摂することなく、すでに生み出された富の一部を奪い取ることで価値を増殖させていました。しかしそれは、生産システムの外側で、あるいはその隙間に存在していたにすぎません。しかし、今日発展を遂げている金融資本やレント取得資本はまったく異なります。いったん生産過程そのものを包摂し、それを通じて世界大まで巨大化した資本が、その巨大化した力を持ったまま、投機や略奪や独占による富の取得様式を自立化させているということです。投機や略奪のレベルがぜんぜん違うわけです。最近のオックスファムの調査によると、世界の大企業のトップ一〇社の総売上高は、世界の下位半分一八〇カ国の歳入の合計を上回るそうです。このような巨大な規模と力を持った資本が投機や略奪や富の独占に走るということがいったい何を意味するのか、このことを真剣に考えなければなりません。

おわりに――二一世紀における「社会主義か野蛮か」

このように現代の資本主義はますますひどい有様になっているわけですが、すでに「はじめに」で述べたように、逆説的なことに、こういう時代において逆にマルクスを学ぶ人は少なくなり、マルクスを語る人も少なくなっています。

「二一世紀における社会主義か野蛮か」とレジュメに書きましたが、ここで言う「社会主義か野蛮か」というスローガンは、第一次世界大戦中に、ドイツ社会民主党の左派であったローザ・ルクセンブルクが提起したものです。このときの「野蛮」とは、ヨーロッパ全体を総力戦に巻き込んだ当時の資本主義的帝国主義のことを指しています。

マルクスにおける「文明」と「野蛮」

もともとこれはマルクスに由来する言葉です。マルクスは最初から「野蛮」という言葉を二重の意味で使っています。一つは、単純に文明に対立する概念としての「野蛮」、すなわち近代文明以前の未開性や社会の原始性を意味するものとしての野蛮であり、これは当時の常識的な用法と共通するものです。今日ではこれは「ポリティカル・コレクトネス」に反する使い方ですが、マルクスの「野蛮」概念にはそういう面も確かにありました。しかし、マルクスの「野蛮」概念にはもう一つ重要な意味がありました。近代文明に対立するものとしてではなく、その逆に近代文明の真っ只中で起こる野蛮、資本主義的文明そのものが作り出す野蛮というものであって、実はマルクスの重点はこちら側にありました。この用法はすでにかなり早くから見られ、たとえば、一八四七年に書かれた「賃金」草稿では、当時のイギリス救貧法の反人道性を論じた中で次のようにマルクスは述べています。

> 文明の内部での足踏み車の復活。野蛮が再び姿を現わすのだが、それは文明そのものの胎内から生み出され、その一部なのである。したがって、業病としての野蛮であって、野蛮は文明の業病なのである。労役所は労働者のバスティーユであり、夫婦は引き離される。(14)

また、一八四九年に書かれた『賃労働と資本』にも次のような一節があります。

しかし、資本は労働を食らって生きているだけではない。高貴であり野蛮でもある主人として、資本は、自己の奴隷たちの死体をも、すなわち、恐慌で破滅した労働者のいけにえたちも、自分といっしょに墓穴の中に引きずり込むだろう。(15)

このように、資本主義においては「野蛮」というのはその「胎内」から生まれ、その一部だというわけです。この野蛮とはまさに、今日でも続いている労働者の長時間労働や過密労働のことであり、あるいはまたバングラディッシュの事件に見られるようなわずかな費用をケチることで一〇〇〇人もの労働者の命を一気に奪い去る事態のことです。資本主義社会においては、近代文明以前よりも長く労働者が働かされ、時に近代以前よりも過酷な労働条件で働かされているのだとすれば、いったい文明とは何なのかという問いかけをマルクスはしているんですね。

ローザ・ルクセンブルクの「戦略的二者択一」

そして、マルクスがこの文章を書いたずっと後に、なおいっそう露骨な形で資本主義文明の野蛮さが発揮されました。それが、先に少し触れたローザ・ルクセンブルクが目撃した第一次世界大戦です。もちろんそれ以前から、文明的なはずのヨーロッパ諸国はアジアやアフリカに文字通り野蛮な植民地主義的略奪をさんざんしてきたわけですが、この野蛮さはヨーロッパ諸国自身にも向けられて、近代的な技術と組織力のいっさいを投じた総力戦がヨーロッパ文明を覆うことになったのです。

ローザ・ルクセンブルクは、近代文明を総動員したこの相互殺戮を前にして、社会主義か、さもなくばますますひどくなる野蛮かという二者択一を提起したわけです。私はこの二者択一を「戦略的二者択一」と呼びたいと思います。ローザ自身がそう呼んだという意味ではなく、私がそのように解釈したという意味ですが、「戦略的二者択一」というのは、客観的に本当に「社会主義か野蛮か」という選択肢しかない、ということではなく、この二者択一をあえて戦略的に提起したということです。このような突き詰めた形で選択肢を提示することで、野蛮からの抜本的な活路を提示しようとしたのです。本当にこの二つしか選択肢がないかどうか、これは、実際にはわからないんですね。私たちは神様でも、預言者でもないわけですから。未来は未決定であり、その時点ではそれ以降の時間というものはまだ存在しないわけですから。

実際、ヨーロッパ諸国のほとんどはその後社会主義に進まなかったし、そのせいで実際、第二次世界大戦という、何十倍も悲惨な野蛮を生み出しました。しかしその後は、人々の戦いと運動のおかげで、先進資本主義諸国は少なくとも戦前に比べればより野蛮ではない資本主義を実現しました。しかしそれはあくまでも結果にすぎなくて、あの時点でローザ・ルクセンブルクが目指したのは未来を予言することではなくて、今その時点で選択するべきは何かということをはっきりと示すこと、「社会主義か野蛮か」という最も先鋭で煮詰められた形で示すことだったんです。これが「戦略的な二者択一」と私が呼ぶものです。

二一世紀における「社会主義か野蛮か」――ロシア革命一〇〇年との関連で

そして私はこのような戦略的二者択一は現在の二一世紀においても提起することができるだろうと思います。しかし、ここで言う「社会主義」は、二〇世紀初頭のローザ・ルクセンブルクが考えていたような抽象的イメージではもはやありえません。なぜなら、その後、一九一七年にロシア革命が起こり、そしてさらにその後、みなさんもご存知のようにソヴィエト・ロシアは悲惨な飢餓と内戦を経て、やがてあのグロテスクな全体主義国家に行き着き、最終的に崩壊したわけですから。つまり、野蛮に対するオルタナティブであったはずの「社会主義」が、資本主義的野蛮に優るとも劣らない野蛮を作り上げてしまったことを、今日の私たちは知っています。ですから、ロシア革命一〇〇周年という現在の時点においては、「社会主義」という概念そのものも、アップデートされなければならないというのは、間違いない。そのアップデートにおいて、ロシア革命のあらゆる「正と負の歴史」を、そのあらゆる栄光と堕落を、そのあらゆる成功と失敗を十分に考慮に入れることは不可欠だろうと思います。

その意味で、「戦略的二者択一」という場合の「戦略的」は二重の意味を帯びます。ローザの場合と同じく、未来を予言するためではなく、資本主義的野蛮を克服してよりよき社会を実現するためにあえて提示するという意味と、社会主義の負の歴史を踏まえつつも、なおかつ選択肢として何らかの「改良資本主義」ではなく、あえて「社会主義」を提示するという意味の、二重の戦略性です。

今日の途方もない巨大な世界的格差、すでに何十兆もの資産を蓄えているのにさらにその上に何兆かを積み増しするためだけに世界中の人々が過剰労働に追い込まれ、社会的共有財が奪われ、自然環境が無慈悲に破壊されているという現実、すべての人に安全な食料と住宅と医療や教育を提供できるだけの富が十分に存在しながら、それが一握りの人々や企業に集中され、さらに税金逃れまでしている現実、こうした野蛮な現実をそのまま維持し、なおいっそうひどくする道をこのまま歩むのか、それとも、そうした野蛮を生み出しているシステム、すなわち無限の価値増殖を基本原理とするシステムそのものを廃棄して、すべての人々のまっとうな生活と尊厳、すべての人々の社会的平等と自治、自然環境の保護と持続可能性、こうした諸価値を根本原理とする新しい社会を建設するのか、そうした二者択一をこの二一世紀において再び戦略的に提起することができるのではないかと私は思っています。

（二〇一七年二月一二日）

注

（1）マルクス『賃労働と資本／賃金・価格・利潤』光文社古典新訳文庫、二〇一四年、三二～三三頁。

（2）マルクス『経済学批判』、『マルクス・エンゲルス全集』第一三巻、三六頁。

（3）マルクスは、シスモンディから書き写す際、一部書き写し間違えて、「量」とあるところを「質」と書いてしまったのだが、それによってかえって、シスモンディのこの文言はより深いものになった。後年のマルクス経済学者たちはシスモンディを基本的に恐慌論との関係でのみ理解するのだが、シスモンディがマルクスに与えた影響はもっと広く多岐にわたる。
(4) 全集版『資本論』第一巻、大月書店、二〇三頁。
(5) マルクス『資本論第一部草稿——直接的生産過程の諸結果』光文社古典新訳文庫、二〇一六年、四三頁。ただし『経済学批判』では、貨幣についてまったく浅薄な考えを持った人物として扱われている。前掲『経済学批判』、『マルクス・エンゲルス全集』第一三巻、三五頁。
(6) 『共産党宣言』を地理学的観点から考察したすぐれた論文として、以下は参照。デヴィッド・ハーヴェイ「階級権力の地理学」『思想』一九九八年一二月号。
(7) 『マルクス・エンゲルス全集』第四巻、大月書店、四七九頁。訳文は適宜修正。以下同じ。
(8) 同前、四七九〜四八〇頁。
(9) エンゲルスの『イギリスにおける労働者階級の状態』と『資本論』との関係については、拙著『ラディカルに学ぶ「資本論」』(柘植書房新社、二〇一六年)の第6章を参照のこと。
(10) 『マルクス資本論草稿集』第二巻、大月書店、一六〜一七頁。
(11) Michael Roberts, *The Long Depression*, Haymarket Books, 2016.
(12) 昨今、先進国の資本主義の情報化、サービス労働化、脱産業化の傾向に目を奪われて、あたかも現代の資本主義が古典的な工場労働に依拠していないかのような議論、したがってマルクスの剰余価値論が妥当しなくなっているかのような議論が時おりなされているが、それは中国やインドやバングラディッシュやベトナム、台湾、アフリカ、等々に膨大に存在する定型労働者の存在を無視するものである。世界史的に見れば、典型的な定型肉体労働者の絶対数は、マルクスの時代よりも現在の方がはるかに多い。デヴィッド・ハーヴェイも『共産党宣言』の二〇〇八年版序文で次のように述べている。「西欧マルクス主義者たちは労働者階級の消滅についてよく口にするが、それは単に、西欧マルクス主義者の住んでいる諸国においては技術変化や、サービス経済へのシフト、産業の空洞化が伝統的な労働者階級を深刻に弱体化させた一方で、それ以外のあらゆる国や地域でプロレタリア化の大規模な過程が進行しているという にすぎない」(David Harvey, Introduction, in Marx & Engels, *The Communist Manifesto*, Pluto Press, 2008, p.13)。後述する「利潤からレントへ」という流れも、あくまでも膨大な定型労働の搾取が存在し続けるもとでの一傾向である。

(13) これは本書の第6章で議論している「私的所有の限界」の一つの典型的な現れでもある。

(14) 前掲『賃労働と資本／賃金・価格・利潤』、一一五頁。

(15) 同前、六四頁。

第2章　デヴィッド・ハーヴェイにおける恐慌論と変革論

【解題】本稿は、二〇一六年に社会思想学会の大会の場で行なった報告を大幅に整理・改変した上で、『情況』の二〇一七年夏号に掲載されたものである。大会での報告では主としてハーヴェイの恐慌論に議論を絞ったのに対し、『情況』誌においては、「アメリカのラディカリズム」という小特集のテーマに沿って、「変革論」を恐慌論と同じぐらいのボリュームで議論することにした。全体としての枚数的制限があるので、恐慌論についてはかなり縮小することにしたが、ハーヴェイの恐慌論のより詳しい内容についてはすでに、前著である『ラディカルに学ぶ資本論』の第3章で論じておいたので、むしろ本稿では、そこであまり論じられなかったことを中心にハーヴェイの恐慌論をまとめることにした。今回収録するに当たって大幅に加筆修正してある。

はじめに——アメリカのラディカルな歴史

アメリカは一般に思われている以上にラディカリズムの豊かな歴史を持っている。あの広大な国は何度も数百万の人々が街頭や広場や工場の敷地を埋めるような大闘争を経験してきた。一九三〇年代における産別労働組合の大闘争やチームスターの戦闘的闘争、一九五〇年代後半から七〇年代にかけての公民権闘争やベトナム反戦運動、学園闘争やフェミニストの闘争、六〇年代末の都市暴動、七〇年代のブラックパンサーの武装闘争、八〇年代の湾岸戦争反対の大規模な反戦集会、WTOとワシントンコンセンサスに反対する一九九〇年代から二〇〇〇年代にかけての街頭闘争、二〇一一年のウォールストリート占拠、最近のブラックライブスマターの運動やサンダース旋風、等々。

最近においても、トランプ当選の報が伝わるやいなや、各都市で何万人もの若者がただちに街頭に繰り出して即興のデモを行ない、その数ヵ月後の国際女性デーにおいては全米で数百万人もの女性たちが集会とデモに決起し、トランプの人種差別政策に対する反撃と、人種を越えた普遍的連帯を高らかに宣言した。その後も毎年、このウイメンズマーチの一斉行動が全米で展開され、さらに世界的にも広がりつつある。しかも、これらの諸行動において中心を担っているのは、六八年世代のオールドレフトではなく、二〇代から三〇代の若い世代であり、しかも女性が多く、人種的にも多様である。ヨーロッパでも同じであり、韓国や台湾や香港でも（人種面を別にすれば）同じ傾向が見られる(1)。

そしてこの豊かな歴史は理論にも反映しており、アメリカは、ラディカルフェミニズムやブラックナショナリズム、批判的人種理論、民主主義的アナーキズムなど種々のラディカルな理論を生み出した国でもある。これはマルクス主義にも一定あてはまる。かつてアメリカはその高度に発達した資本主義にもかかわらず、マルクス主義の未発達な国と見られてきた。しかしこのような状況は大きく変わりつつある。一九三〇年代にはすでにマルクス主義の定着と発展が見られたし、かつてトロツキーは、いつかアメリカ人がマルクス主義においても前衛的役割を果たすときが来るだろうと予言した。そして、この予言を裏づけるように、第二次世界大戦後、アメリカのマルクス主義は着実に創造的な成果を生みだしてきた。ブレイヴァマンの労働過程分析や、ハリー・クリーヴァーらの政治的マルクス主義、エコマルクス主義やマルクス主義フェミニズム、アメリカ帝国主義の分析、独占資本論など多くの分野で、アメリカのマルクス主義者は重大な貢献をなしてきた。このようにアメリカのマルクス主義はすでに豊富な理論的成果をこれまで残してきたし、今後とも残すだろう。本稿では、その中の重要な一部であるデヴィッド・ハーヴェイの議論に焦点を当てて、とくにその恐慌論と変革論について紹介してみたい。

1、恐慌の共決定論と「資本のアーバナイゼーション」

まずハーヴェイの恐慌論から論じよう。周知のように、マルクス主義恐慌論には長い歴史があり、マルクス主義者のあいだでは、恐慌の究極原因ないしその発生メカニズムをめぐって意見が深く対立し、多くの理論が提出されてきた。主なものだけを上げておくと、一つは、『資本論』の第二巻において、恐慌の究極の根拠を労働者の相対的に制限された消費に求めているマルクスの文言にもとづいて、資本主義的生産の無制限的拡張と労働者階級の階級的に制限された消費力とのあいだの矛盾によって恐慌が起こるとする説である。これは「過少消費説」と（私見では誤って）命名されているが、より正確には「生産と消費の矛盾説」と呼ぶべきものである。

二つ目は、同じく『資本論』第二巻において、マルクスが恐慌の原因を過少消費に求める当時の経済学者の議論を批判している部分、恐慌の直前においてこそ労賃が上昇し労働者の消費力も増大しているのだと指摘している部分などを用いて、好況期における資本の過剰蓄積、およびそれにともなう生産手段の価格上昇、労賃の上昇、利子率の上昇によって生じる利潤率の急激で一時的な低下によって恐慌が起こるとする説である。これは「利潤圧縮説」と呼ばれているが、一般には資本の「過剰蓄積説」として知られている。

第三の説は、『資本論』第三巻の議論にもとづきつつ、利潤率の長期的で傾向的な低下を主要な根拠にして、利潤率の低下を補うためにさまざまな投機的活動が好況末期に起こって、それが恐慌を生むとする説である（この第三の説は、先の第二の説における利潤圧縮論をもその論理の中に包摂している場合が多い）。これは「利潤率の低下説」と呼ばれている(2)。

主要な理論的対立軸を形成しているのは以上の三つだが、それ以外にもさらにいくつかの有力な説が存在する。まず、第二巻におけるマルクスの再生産表式を用いて、部門間の厳格な均衡条件が資本主義的生産の無政府性によって打ち破られ、部門間不均衡が発生し、それが累積されて恐慌が起こるとする「不比例説」。さらに、商業資本と信用の発達によって形式的な売買と実質的な売買とが乖離し、架空の過剰消費が大規模に発生して、それが恐慌を勃発させるとする説（不破哲三氏の「恐慌の運動」論）。さらに、恐慌を、好況の中で階級的地位を上昇させ反抗的になった賃労働に対して資本の側が発動する階級的ストライキ、階級的反撃だとみなす説（「階級的戦略としての恐慌」論）も存在する（たとえばハリー・クリーヴァー）。

さらに、これらの説のいくつかを合体させてより総合的な恐慌論の構築をめざす論者も少なくない。最も典型的なのは、「生産と消費の矛盾説」と「利潤率の低下説」とを総合するタイプである（たとえば富塚良三氏の恐慌論）。マルクス自身が『資本論』の第二巻と第三巻で両方の議論を示唆しているのだから、マルクスの恐慌論に忠実であろうとすれば、ある程度このような総合的な方向を模索するのもうなずける。

では、ハーヴェイの説はいかなるものか？　まずもってハーヴェイは、資本の運動の中に恐慌を必然的に生み出す何らかの単一のメカニズムが存在するという前提に懐疑的である。これまでのあらゆる恐慌論は、そのような単一のメカニズムが資本の運動の中に存在していることを明示的ないし暗示的に前提しており、したがってそのメカニズムは何かという理論的探求がなされてきた。だがそのような単一のメカニズムの存在をハーヴェイはそもそも前提しない。ハーヴェイは、資本の運動（G—W（Pm＋A）—P—W'—G'）のうちには、その出発点たる最初の貨幣（G）の集積から始まって、生産手段（Pm）と労働力（A）の調達、生産そのもの（P）、市場における商品（W'）の販売を経て、再び貨幣（G'）への復帰に至るまで、その一連の過程において恐慌を生みだしうるいくつもの閉塞ポイントが存在することを指摘する。これらの閉塞ポイントにおいて閉塞が実際に起こり、それが深刻になれば恐慌が起こりうるし、いくつもの閉塞が重なればより確実に恐慌が起こるとみなす。それらの閉塞ポイントが必ず詰まる（閉塞を起こす）とはかぎらないし、それらの閉塞ポイントのいずれかが決定的で根本的であるというふうにも議論しない。もしかしたらそうなのかもしれないが、ハーヴェイは、実際には論証しようのないそのような論点をめぐって延々と論争しあうよりも、複数の閉塞ポイントが存在し、それらの一つないし複数が実際に閉塞を起こすことで恐慌という脳卒中を引き起こすのだと考えた方が建設的なのだと言う。

これらの閉塞ポイントには、先に上げたすべての説における諸論点（「生産と消費の矛盾」から「資本と賃労働との階級闘争」に至るまでのいっさい）が含まれうる。これらの閉塞ポイントは資本の不断の流れという生きた過程の中に統合されており、あるポイントでの閉塞が別のポイントでの閉塞を生んだり、逆に、あるポイントでの閉塞の（一時的）回避につながることが、別のポイントにおける閉塞の深刻化につながることもある。たとえば、賃金が上昇すれば生産と消費の矛盾は緩和されるが、利潤率を引き下げ、資本の側の階級的反撃の動機を強める、等々。しかし、これらの閉塞ないし危機はすぐに爆発するのではなく、さまざまな手段を通じて一時的に回避され、たらい回しにされ、こうしてしばらくの間は好況が続く。だが、そのたらい回し過程を通じてしだいに潜在的閉塞の規模と緊張度は増していく。たとえば、信用の大規模な供与は一時的に既存の有効需要という制限を回避することを可能にするが、より大規模な過剰生産を準備する、等々。こうして、各閉塞ポイントでの緊張がしだいに高まっていき、やがては耐えきれなくなって恐慌が勃発するのである。だがどの閉塞ポイントでの破綻が恐慌の直接のきっかけになるかは、さまざまな歴史的・地理的諸状況や、時にはまったく偶発的な諸事情に依存する。

つまり、ハーヴェイの考えによれば、恐慌というのは何らかの根本原因を中心とする単一のメカニズムによって発生するのではなく、これらの多くの閉塞ポイントのいくつかないしすべての絡み合い、および、それらの一時的な回避とたらい回しを通じた危機の潜在的累積を通じて爆発するのである。これを「恐慌の共決定（co-determination）説」と呼ぶことができるだろう。このように考えることで、理論的にがちがちに固まっていた恐慌論が解きほぐされ、より柔軟に恐慌にアプローチすることができるようになるのである。

その上でハーヴェイは、歴史上起きた個々の恐慌を具体的に分析し、これらの多くの閉塞ポイントのうちいずれがより直接的に決定的であったのかを個別的に明らかにするべきだと考える。どの恐慌も同じメカニズムで発生するのではなく、個々の恐慌においてそれぞれ主要ないし直接的な原因となる閉塞ポイントは異なりうるし、その発現の仕方も異なりうるのである。

しかしハーヴェイの議論はそこにとどまらない。以上はまだ、マルクスの経済学批判体系で言えば前半体系の『資本論』レベルでの恐慌論であり、現実の恐慌はマルクス自身が体系の最後の「世界市場」の部で論じるつもりであったように、より具体的な歴史地理的論点を入れてこなければならない。そこには資本の運動のみならず、環境や市民社会や国家の契機、国家間の貿易関係、世界市場の動向といったものも関係してくる。それらのいっさいが恐慌という現象の肉づけを行ない、その具体的発生を媒介するのである。

このより具体的なレベルにおいてハーヴェイがとくに重視するのは、資本による都市空間の形成（アーバナイゼーション）である。都市の建造環境の構築という大事業は、何年にもわたって大量の生産手段と労働力を吸収しつづけ、国家や信用、そしてしばしば新たな金融手段が大規模に動員され、環境と社会の相貌を大きく変容していく過程である。資本主義の歴史は都市化の歴史でもあり、資本主義は絶え間なく大規模に都市（とそこにおける住民および建造環境）を形成し再形成するプロセス（アーバン・プロセス）を通じて成長し、発展してきた。この「資本のアーバナイゼーション」過程こそが恐慌を現実のものとする決定的な媒介項であるとハーヴェイは指摘する。

二〇〇八年の世界金融恐慌においても決定的だったのは、周知のように、住宅市場バブルであり、住宅建設は典型的な都市構築手段であり、その過程で国家や準国家機関が大規模に関与し、複雑怪奇な新たな金融手段（債務担保証券やそれに対する保険商品）が大規模に動員され、世界の投資家たちがそれに熱中した。資本の運動におけるさまざまな閉塞ポイントが、これまでになかったほど大規模かつ新奇な手段によって回避されつづけ、そのためにまさに、はるかに深刻な形でそれらの潜在的な危機が累積し、その緊張度を高め、そしてついにリーマンショックとともに爆発したのである。

2、社会の共進化と共革命理論

恐慌に対するこのようなハーヴェイの柔軟な見方は、社会構造全体に対する彼の認識にも見出すことができる。周知のようにマルクス主義にあっては、マルクスの『経済学批判』序言で述べられたいわゆる史的唯物論の公式がその社会認識の基礎になっている。生産関係とそれに照応する生産力との総体が経済的土台を形成し、その上に政治的・法律的上部構造がそびえ立つというあの空間的メタファである。そして、土台における生産関係と生産力との矛盾が社会全体の変革を促す根本的矛盾として規定され、これが社会革命の時代を切り開き、上部構造における政治的・

イデオロギー的な闘争によって決着がつけられる。私はこの図式はけっして間違ってはいないし、社会認識の最初の出発点としては十分有効であると考えている。

とはいえ、この「土台－上部構造」図式はその後かなり機械的に解釈されてきたし、実際そのような機械的解釈を許すような単純さも備えていた。史的唯物論のこの最初のごく一般的でスケッチ的な図式はもう少し有機的で複雑な図式に発展させる必要がある。その一つの試みが、ハーヴェイが『〈資本論〉入門』（作品社、二〇一一年）で提示した「諸契機の弁証法」である。

ハーヴェイは同書の第七章において、『資本論』の「機械と大工業」章に出てくる脚注4（ドイツ語版では注22）に注目し、それを独特の形で読み変えることによって、資本主義社会をトータルに把握する上で必要不可欠な六つの契機を取り出している。「技術」、「自然との関係」、「労働過程ないし生産過程」、「日常生活の生産と再生産」、「社会的諸関係」、「精神的諸観念」である。これら六つの契機の独特な組み合わせとその相互関係の変化を通じて、社会全体は大きく変貌し、その姿形を変えていく。それをハーヴェイは「共－進化（co-evolution）」と呼んでいる(3)。そして、この共進化によって成立するシステムを「共進化システム（co-evolutionary system）」と呼ぶとすれば、この共進化システムは、これら六つの諸契機が相対的に自立しながらも、相互に連動し相互に制約しあいながら動的均衡（部分的不均衡を伴ったそれ）を保っている状態であると考えることができるだろう。

しかし、この時点ではまだ初歩的な試論の域を出ていない。何よりもそこでは、これら六つの契機のうちどれがより規定的であるのかという問題意識が希薄である。単純な還元論に陥らないようにするという問題意識が強すぎて、諸契機間の重層的関係が無視されているのだ。また、社会システムの性格全体を規定する最も重要な契機であるはずの「生産関係」が、これらの諸契機のどこに位置づけられているのかも曖昧である。

この点がもう少し具体化されたのが、ハーヴェイの次の作品である『資本の〈謎〉』(作品社、二〇一二年)であった。そこでは、まず「契機」というヘーゲル的で非空間的な表現が「活動領域」という空間的表現に置き換えられた上で、さらに先の六つの契機に加えて、「社会的・行政的諸制度」(国家権力の領域)という七つ目の活動領域が挙げられている。そして、この七つの活動領域が、資本(生産関係)の運動原理である「終わりなき資本蓄積」「絶え間ない複利的成長」を中心として配置されており、これらの諸活動領域が、資本の運動原理と相関しながら、相互に有機的に連関し、かつ一定自立して運動し、結果として一個の資本主義システムを動的に成立させているとみなす。こうして、非常に静的な「土台 - 上部構造」図式は、すぐれて動的な「資本の運動原理とそれを囲んで配置される七つの活動領域」図式へと発展しているのである。

もちろん、この場合でも、資本の運動原理の周囲に配置される諸契機間に一定の比重の違いを想定することは許されるだろう。その中にあっては、社会全体の物質的土台をなす「生産」の領域と、社会秩序全体の統括的契機である「国家権力」の領域が当然にも重要な意味を帯びてくる。そして、両領域を能動的・主体的に媒介する契機である「階級闘争(ないし種々の社会闘争)と階級組織」という「活動領域」(ハーヴェイの図式では登場しない)が批判的社会分析の中心的位置を占めるようになるだろう。このように考えれば、従来の史的唯物論の公式や伝統的マルクス主義の認識と大きく矛盾しない形で共進化システムを構想することができるはずである[4]。

このような社会構造認識から、その変革論も直接的に出てくる。最終的に資本主義を克服することができるのは、この七つの活動領域の中心に位置している資本の運動原理を廃棄し、それを別の運動原理に置き換えることによってであるが、それはどのようにして可能になるのだろうか？　生きた具体的な人々が直接的に属しているのは、中心の運動原理ではなく、周囲の七つの活動領域においてであるから、当然、人々の闘争、変革のための営為はこれらの活動領域を舞台とするものになる。そして、これらの諸変革の積み重ねを通じて、社会の基本原理そのものの変革も促されていくだろうし、逆に基本原理が変わらなければ周囲に配置された活動領域の変革も決定的に限定されたものにならざるをえない。そこには一種の肯定的ないし否定的な量質転換を想定することができるだろう。すなわち、社会構造の諸契機における変革が積み重なり連動しあって最終的に社会の基本原理そのものの（世界史的）変革に行きつくか（肯定的な量質転換）、あるいは結局そこまで至らずに諸契機の変革も元に戻されてしまうか（否定的な量質転換）、である。いずれにせよ、これら七つの活動領域は相互に連動しつつも相対的に自立して運動しているのだから、いずれか一つないし二つの領域における変革だけで社会全体の基本原理が変わるわけではない。

ハーヴェイは、資本主義そのものも封建制社会の中からこの七つの活動領域における総合的で連動的な一連の諸変革を通じて成立してきたのだから[5]、資本主義からポスト資本主義社会への移行においても、そのようなすべての活動領域における連動しあった変革が必要になるだろうと考える。どれか一つの領域、たとえば、一部のマルクス主義者の言う「社会的・行政的諸制度」における変革（議会ないし直接行動を通じた政府権力の獲得など）はたしかに重要であるが、ソ連の運命が示したように決定的ではない。あるいは、アナーキストやフェミニストが言う「日常生活の再生産」の領域や「社会的諸関係」における変革（「予示的政治」あるいは「個人的は政治的」）も重要だが、やはり決定的ではない。あるいはエコロジストが言う「人間と自然との関係」が変わることは重要だが、これも決定的ではない。これらすべての変革がいずれも必要なのだ。これらが、相互に連動しあい相互に促進しあってはじめて資本主義社会全体の基本原理も別のものに置きかえられていく。ハーヴェイはこのような立場を「共革命的（co-revolutionary）」理論と呼んでいる。いずれかの領域を物神化することなく、あるいはそれに還元してしまうのではなく、それぞれが助け合い連動しあいながら長期にわたる変革の営みを遂行していかなければならない。

とはいえ、ここでも共進化システムにおける比重の相違論を適用することができるだろう。共進化システムにおいて「生産」と「国家権力」という二つの契機が相対的に大きな比重を持っているとすれば、それらが共革命的な変革の営みにおいても重視されるのは当然であろう。そして両者を媒介する能動的契機としての「革命闘争と革命組織」は、いかなる変革構想においても絶対に欠くことのできない切実な意味を帯びてくる。重要なのはそれらを物神化ないし特権化しないことである。

もし他の諸領域の成熟に先駆けて、強力な革命組織による国家権力の獲得が最初に行なわれた場合（たとえば典型的にはロシア革命の場合のように）、その領域に連動した形で他の諸領域（生産や日常生活や文化、社会的諸関係など）にも（中長期的に）相応の変化を起こさなければならない。ロシア革命の指導者が革命後にまさにこれらの問題で大きな困難にぶつかり、結局挫折したことはよく知られている。

あるいはまた、恐慌における閉塞ポイントの場合と同じく、ある活動領域における（革命的）危機の発生を回避するために既存の支配層によってとられた措置が、別の活動領域における危機を深化させるかもしれない。そしてそうやって危機を何度も回避し、たらい回ししているうちに、危機そのものが沈静化するかもしれないが（資本主義というシステム全体は、個々の資本よりもはるかに豊富な回避手段と豊富な沈静化手段を有している）、危機が潜在化したまままますます深刻化し累積していくかもしれない。そして、恐慌（クライシス）がどの閉塞ポイントでの破綻をきっかけにして現実に勃発するのかがあらかじめ決定されていないように、革命的危機（クライシス）が直接的にどの「活動領域」における危機の勃発によって現実化するのかも、恐慌以上にあらかじめ決定されておらず、なおのこと状況依存的で偶発的である。

3、資本の二つの蓄積様式と二つの対抗勢力

しかし、このような共革命論的アプローチは、現代資本主義の特殊なあり方を分析することを通じてより具体化されなければならない。ここで、ハーヴェイが『ニューインペリアリズム』（邦訳は青木書店、二〇〇五年）や『新自由主義』（邦訳は作品社、二〇〇七年）以来追求してきた資本

主義の二つの蓄積様式論が重要になる。

マルクスは『資本論』において、資本が労働力の商品化とその売買を通じて剰余価値を合法的に搾取するメカニズムを明らかにした。そこでの資本の基本的な蓄積メカニズムは拡大再生産であり、獲得された剰余価値の一部を資本に再転化し、こうしてしだいに生産規模は螺旋的に拡大し、獲得される剰余価値の量も複利的に増大していくのである。この蓄積メカニズムはもちろん、信用と株式資本を梃子にすることによっていっそう発展する。しかし、基本メカニズムはあくまでも資本の拡大再生産である。それゆえハーヴェイはそれを「拡大再生産による蓄積」として把握する。

『資本論』は何よりもこのタイプの蓄積様式を解明することに費やされているのだが、実際にはこのような蓄積様式だけの議論にとどまっていない。マルクスは『資本論』第一巻の最終編において「本源的蓄積」について論じ、資本主義がその生成期においてはあからさまな収奪と略奪によってその資本を大規模かつ温室的に蓄積し、「拡大再生産による蓄積」の土台を築いたことを明らかにしている。ハーヴェイはこれを「略奪による蓄積」と呼ぶ。

しかし、資本のこのもう一つの蓄積様式はけっして生成期に限定されてはいなかった。資本はその支配領域を空間的に拡大する中で、ますます周囲の非資本主義的領域を支配下におさめ、その過程で絶え間なく周辺領域をあからさまな暴力や詐欺行為を通じて略奪し、それによって得た富を本国の資本に付け加えていった。ローザ・ルクセンブルクの『資本蓄積論』は、このような「略奪による蓄積」を、資本主義本国における「拡大再生産による蓄積」とともに、資本主義の二つの蓄積様式として定式化しており、当時における帝国主義の本質をこの二つの蓄積様式の独特の結合にあるとみなした。これはきわめて卓越した見方であり、帝国主義を、本国における「拡大再生産による蓄積」の単純な発展形態（たとえば独占段階の資本主義）として把握する見方を超えている(6)。

しかし、ローザのこの蓄積様式論にも限界があった。それは、「略奪による蓄積」を基本的に周辺の非資本主義的世界への資本の進出過程に限定したことである。マルクスが「略奪による蓄積」を資本の生成期へと歴史的に限定したのに対して、ローザはそれを非資本主義的領域へと地理的に限定したのである。しかし、「略奪による蓄積」は周辺部だけでなく、また生成期だけでもなく、資本主義本国の最も発達した生産領域においてさえ歴然と存在している。実を言うと、マルクスの『資本論』それ自身がそうした「略奪による蓄積」について、「労働日」章や「機械と大工業」章、さらには第七編の資本蓄積論などで縦横に展開しているのである。ただそれがこれまで「略奪による蓄積」の具体的形態として考察されてこなかっただけなのだ。

たとえばマルクスは、「機械と大工業」章において、次のように述べている。

産業の不況期さえも、工場主たちは、ひどすぎる賃金引き下げ、すなわち労働者の最低必要生活手段の直接的な盗み取り（略奪！――引用者）によって法外な利潤をあげるために利用する。(7)

こと賃金の引き下げに関しては工場主の発明心は休むことを知らなかった。ときには、彼の綿花の粗悪なためや機械設備が適当でないために起きる製品の欠陥に対しても、その罰として賃金の引き下げが行なわれた。(8)

また、資本蓄積論においてマルクスは、鉱山資本家が採掘労働者を鉱山近くの狭い家屋にぎゅうぎゅうに詰め込んで、それを賃金の現物支給分として賃金から差し引いていることを詳細に告発している(9)。労働者の「健康で文化的な」生活のために必要不可欠な住居空間のこの「節約」(略奪)はもちろん、鉱山資本家の追加的剰余価値となる。

このように資本主義はその歴史において常に二つの蓄積様式に基づいてその「終わりなき資本蓄積」を遂行してきた。「略奪による蓄積」は周辺的でも個別的な逸脱でもなかった。それは資本主義的蓄積の歴史のど真ん中に存在する恒常的な階級的実践だった。したがって、七つの活動領域の中心をなす資本の蓄積運動、資本のDNAそのものが、まさにこのような二つの蓄積様式による二重らせん構造をなしているのである(10)。

しかし、資本主義の歴史において常にこの二つの蓄積様式が存在したとはいえ、その具体的あり方や両者の関係、それぞれの比重は、地域によって異なるし、時代によっても異なる。たとえば、ラテンアメリカでは、世界システムとしての資本主義に包摂される過程において大規模な略奪と収奪が生じただけでなく、包摂後も帝国主義諸国との間で略奪・被略奪の関係が持続した。従属理論はこうした状況を一般化することで成立した理論だが、二つの蓄積様式の二重らせん構造の一つの特殊パターンとして把握しなおすことができるだろう。実際、東アジアではこの従属理論はあまり妥当せず、日本や韓国や台湾やそして昨今の中国における資本主義の高度な発展は、むしろ欧米資本主義を脅かすものになっている。

歴史的には、高度経済成長期においては、中核の先進諸国ではおおむね「拡大再生産による蓄積」が主要な側面となっていたが、一九八〇年代以降における新自由主義化した資本主義にあっては、先進資本主義国でも従来型の生産資本による資本蓄積が大幅に縮小するか海外移転し、他方で二番目の蓄積様式たる「略奪による蓄積」がより決定的な重みを持ち始めている。労働組合への大規模な攻撃と封じ込め、賃金の直接的引き下げと非正規労働の蔓延、金融的略奪の手法の大規模な発展、公的部門のあいつぐ民営化、規制緩和による野放図な資本蓄積の推進、移民労働者の過剰搾取、等々。ここにこそ現代資本主義の決定的に重要な特徴がある。

このように資本主義の中心原理である二つの蓄積様式の相互関係が変わったことは、必然的に七つの活動領域のあり方にも重要な変容をもたらしたし、そこでの変革の営為にも大きな影響を与えた。ハーヴェイは、現代資本主義における二つの蓄積様式の具体的なありようから、それに対抗する二つの主要な勢力、変革主体を導出する。一つは、主として「拡大再生産による蓄積」において搾取と抑圧をこうむる層であり、これは伝統的な労働者階級とそれの政治的・経済的・組織的代表者たちを主要な担い手とする。

しかしここでただちに付け加えておかなければならないが、この蓄積様式とそれへの対抗の場はけっして工場に限定されない。かつて一部のマルクス主義者、とくに労働者主義的な潮流は、工場を支配と対抗の特権的場として想定する傾向にあったが、それは最初から狭かっただけでなく、今日のような脱産業化の時代、サービス経済化の時代においてはなおさら狭すぎる。ハーヴェイは、「拡大再生産による蓄積」がなされるのは個々の工場をはるかに超えた規模の空間、すなわち「都市」であると考える。都市空間の形成に直接かかわる建設労働者や交通・運輸労働者は言うまでもなく、清掃労働者やメンテナンス労働者（水道管や道路などを整備・補修する労働者）、商店やショッピングモールで働く商業労働者、労働力の再生産過程に従事する教育労働者や家事労働者やケア労働者などもすべてそこに含まれる。都市こそが「拡大再生産による蓄積」の主たる場なのだ。

もう一つの対抗勢力は、「略奪による蓄積」によって収奪、支配、抑圧、排除、暴力にさらされるすべての階層、すべての住民である。これらの諸階層は労働者階級だけでなく、農民階級や失業者、移民、商店主、等々も含まれる。彼らは、これまで十分に政治的に組織されておらず、個々ばらばらの抵抗運動や時に暴力的な決起などにとどまっていた。しかし、ますます略奪的性格を強めつつある現代資本主義は、この「略奪による蓄積」による被害者をますます広範に、ますます大規模に生み出していくだろう。これらの「略奪的蓄積」の被害者は、七つの活動領域のすべてに存在している。本来の労働力価値よりもはるかに低い賃金で働かされている労働者は、「生産過程ないし労働過程」に存在する被害者であり、福祉の削減やそのスティグマ化の被害を受けている人々（ケン・ローチ監督が最新映画『わたしは、ダニエル・ブレイク』で描いたように）は「日常生活の生産と再生産」の領域にいる被害者である。

そして、「拡大再生産による蓄積」の場合と同じく、「略奪による蓄積」の場合も都市はその主たる舞台の一つである。郊外に巨大な都市を建設するためにそこの農民を追放して土地を収奪したり、あるいは都市の再開発（ジェントリフィケーション）として旧市街地が暴力的に破壊され旧住民が追放されたりする。大都市の華やかな金融街は略奪的金融の拠点であり、次々と建設される住宅はサブプライムローンで購入され、恐慌の勃発とともに若い世代の住民は差し押さえられた「マイホーム」から追い出される、等々。「資本のアーバナイゼーション」もまた二つの蓄積様式の絡み合いの過程に他ならない。

したがって、資本主義の運動原理に対する闘争は、七つすべての領域にまたがって存在する二大勢力の連合、連帯として遂行されなければならない。そしてその闘争の主要な舞台となるのも都市であり、都市こそ社会変革の焦点となる（ハーヴェイ『反乱する都市』作品社、二〇一三年）。これがハーヴェイの変革の展望であり、その変革主体論である。

4、アナーキズムと新しい社会の展望

左翼の中でマルクス主義が圧倒的に強い日本と違って、アメリカのラディカリズムはマルクス派とアナーキストとがかなり拮抗した力関係にある。有名なウォールストリート占拠を主導したのは、マルクス派ではなく、デヴィッド・グレーバーを中心とするアナーキストだった。彼らは、反グローバリズム運動や反新自由主義の運動でも主導勢力の一つであり、彼らの活躍やイニシア

チブを無視してアメリカのラディカリズムについて語ることはできない。それゆえハーヴェイは、その変革論を展開するにあたって、アナーキズム(11)の主張に共感を示すとともに、それに対する批判をも展開している。

マルクス主義の歴史はこれまで、それが目指した革命の見事なまでの達成と、そしてその後におけるそれ以上に悲惨な堕落(そして最終的な崩壊ないし変質)を経験してきた歴史でもあった。アナーキストはその基本的教義の点からだけでなく、マルクス派による革命のこの経験からも、国家権力奪取型の革命に対しては圧倒的に否定的である。だが、政治的・行政的諸制度もまた資本主義社会を構成する不可欠の活動領域である以上、それを資本主義勢力の支配下にとどめておくことはできない。国家以外の何らかの空間を民衆が占拠し自治的に組織した経験も少なからずあるが(幕末における隠岐島コミューン、一八七一年のパリ・コミューンや一九〇五年のペテルブルク・ソヴィエト、一九一九〜二〇年のイタリア工場占拠、そして二〇一一年のウォールストリート占拠、等々)、そのいずれも国家・警察・軍隊による実力行使によって数ケ月で粉砕されている。暴力的手段を自己のうちに集中している政治的・行政的制度の領域は、他のどの領域にもまして、全体としての資本主義社会の秩序を維持する上で決定的な役割を担っている。だからこそ、マルクス派は伝統的に国家権力の問題を革命の中心課題として設定してきたし、アナーキストによる「政治の拒否」路線と闘ってきたのだ。

今日、ある程度現実的なアナーキストならば、国家権力や軍隊をそのままにしたままで何らかの本格的な社会変革が可能であるとは考えないだろう。それは別の自治的な制度的手段によって置き換えられなければならない。だが、国家に代わるべきその制度的手段とはいかなるものなのか、ここにおいてハーヴェイはアナーキストの極端な水平主義を、レーニン主義者の前衛党論と同じぐらい一面的な組織フェティシズムだとして批判している。アナーキストの理想においては、階層的な国家制度に代わるべきものは水平的な自治的コミューンであり、それらの平等で非階層的な連合である。だが、そのような自治的コミューンないしその連合体は、ごく狭い範囲においてなら、日々の問題を処理することがそれなりにできるだろう。しかし、ウォールストリート占拠の経験でも明らかになったように、ズコッティ広場のような狭い空間でわずか二〇〇〇〜三〇〇〇人の人々の活動や生活を民主主義的に調整するだけでも、たいへんな苦労と困難が生じた。常にゼネラルアセンブリー（全体集会）で意思決定するわけにはいかないので、何らかの代表者の会議が必要になった。ここにすでにある程度のヒエラルキーが発生してしまっている。

ハーヴェイはアナーキストの水平主義は立派な理念だが、それだけでは機能せず、一定の階層制を作り出すことも恐れてはならないと主張する。広場規模ではなく、自治体規模、国家規模、さらには大陸規模や地球規模の無数の諸問題に対処しなければならない今日、水平主義だけでは物事はとうてい進められないのである。問題は水平主義か階層主義かという硬直した対立に固執することあるのではなく、どのようにして水平主義がそれなりに機能しうるような民主主義的「階層制」を日々形成し再形成するのか、である。どんな社会変革を成し遂げても、さまざまな矛盾や緊張関係はなくなりはしない。無矛盾の社会は存在しないし、存在しえない。どんなリバタリアン的社会といえども水平性と階層性との矛盾から逃げることはできない。さまざまな矛盾や困難において必ず正しい判断をしてくれる前衛党という「救いの神」が存在しないのと同じく、階層制から完全に免れた水平主義的社会も存在しえない。

何らかの階層構造が特権的上層階層の出現や垂直的分業の固定化を生まないようにするにはどうすればいいのか、どのような新しい民主主義が必要なのかを具体的に探求すること、探求し続けることこそが必要なのである。『共産党宣言』においてマルクスとエンゲルスは、「各人の自由な発展が万人の自由な発展の一条件となるアソシエーション」を展望したが、このような麗しい「調和性」がどのように、あるいはどのような組織形態に媒介されて可能になるのかについて何も述べていない。この根本問題ではマルクス派とアナーキスト（とりわけデヴィッド・グレーバーのような民主主義的アナーキスト）とのあいだでの建設的な議論と知恵の結集が必要不可欠だろう。

ここで私個人の考えを少しだけ言わせてもらえば、私は、伝統的なマルクス主義の考えとも、アナーキズムとの考えとも異なって、ポスト資本主義の新しい社会（それを「社会主義」と呼ぶのであれ「共産主義」と呼ぶのであれ）は、「国家と市場なきコミューン社会」ではなく、「諸国家（非階級的で民主主義的なそれ）」―「諸コミューン（非閉鎖的で内部の一定の階層構造を伴ったそれ）」―「諸個人（個人の自律性と社会的連帯を伴ったそれ）」という三つの主要な「活動領域」（それ以外の諸領域をとりあえず別にして）の内部および相互間の絶えざる編成と再編成をともなった民主主義的アソシエーションとして理解されるべきであると考えている。また、「市場」は、「計画」や「協議」、「交渉」や「デモ」、「互助」や「贈与」などと並んで、これらの諸単位の内部および相互間を結びつける重要な要素であり続けるだろう。マルクスがアンネコフへの手紙でかつて述べたように「人類はいったん獲得したものをけっして手放しはしない」のである(12)。

国家も市場も、民主主義的に(どれほど抜本的であれ)再編することはできても、資本などと違って廃絶することはできない。現在の国家を構成する個々の要素(とくに軍隊や秘密警察)を廃絶することはできるし、廃絶するべきだが、国家そのものを廃絶することはできないだろう。それは全国的な公共的事業や公共的福祉を担い、民主主義的な社会秩序を維持する公的機関として、コミューンとは区別された独自の政治的存在であり続けるだろう(したがって、行政、司法、議会のような機関もまた、抜本的に編成されたうえで残るだろう)。もちろん、それが存続することで一定の「抑圧性」や「市民社会からの疎外」といったマイナス面が生じるだろうが、それは下からの民衆の絶えざる批判と制御と制度改革という不断の努力によって対処されるべきである。そのような「不断の努力」(日本国憲法の第一二条が言うように)を不必要とするような「理想状態」は観念論的幻想である。同じことは「市場」についても言える。「市場」が存続することで一定の「物象化」や「無政府性」が残るだろうが、それは諸国家や諸コミューンの「不断の努力」によって対処されるべきである。

社会変革の核心は、共進化システムの中心原理をなす社会的DNAそのものを別のものに置き換え、それに照応する形でその周辺の諸契機、諸活動領域を再配置ないし再編することであって、けっして、個々の契機ないし活動領域を廃絶することでのっぺらぼうな「協同社会」ないし「アソシエーション」を構築することではない。一部のマルクス学者のように、「アソシエーション」という言葉を呪文か念仏のように繰り返しても、現実変革には何の役にも立たないだろう。

国家や市場が革命後も存続すると予想することは何か悲しむべきことだろうか？　いやその逆である。民衆のそのような「不断の努力」、民主主義をますます深化させていく不断の創意工夫が今後も永遠に必要とされることは、何とやりがいのある展望であることか！　資本主義の社会的DNAである「終わりなき資本蓄積」という破滅的な悪無限的社会に代わって、「終わりなき民主主義的・エコロジー的努力」を積み重ねていく創造的社会という未来が人類の前に開かれるのである。「矛盾なき理想社会」という退屈な夢想よりも、こちらの方がはるかにマルクスの言う「人類の本史」にふさわしいものであろう。

5、『資本主義の一七の矛盾』と利潤率の傾向的低下

最後に、ハーヴェイが二〇一四年に出版した『資本主義の一七の矛盾』について紹介しておきたい。

ハーヴェイはこの著作において、「使用価値と交換価値との矛盾」から始まって、「価値と貨幣との矛盾」「私的所有と国家との矛盾」「資本と賃労働との矛盾」「生産と流通との矛盾」「資本の運動と自然との矛盾」、等々、合計で一七個もの「資本の矛盾」を列挙しており、それぞれについて一章ずつ割いて論じている。

これまで資本主義の矛盾論としては、エンゲルスの有名な「社会的生産と私的取得との矛盾」あるいは「個々の工場での高度な組織性と社会全体における無政府性との矛盾」といういわゆる

「資本主義の基本矛盾」論や、ジェームズ・オコンナーの、「資本と賃労働との矛盾」と「資本蓄積と環境との矛盾」という「資本主義の二大矛盾」論などがあり、その他多くの矛盾論が提出されてきた。しかし、ハーヴェイは、一つの基本矛盾を二つに増やしたり、三つに増やしたりするような段階をあっさり超えて、一気に一七もの矛盾を提起する。ちょうど、資本の運動のさまざまな閉塞ポイントがいずれも恐慌の原因になりうるという共決定論的アプローチをとったり、社会の構造分析を七つの活動領域で把握する共進化論を説いたのと同じく、資本主義の矛盾に関しても、何か唯一の、あるいは何か根本的な一つないし二つの矛盾を選び出して、そこからその他いっさいの矛盾や対立を導出するという還元論的態度を排しているわけである。

そしてハーヴェイは、この一七の矛盾を三つのカテゴリーに分けている。一つは「基礎的な矛盾（foundational contradictions）」であり、ここには「使用価値と交換価値との矛盾」や「資本と賃労働との矛盾」、「資本主義的生産と流通との矛盾」などが含められている。これはあくまでも「基礎的矛盾」なのであって、「根本的矛盾（fundamental contradiction）」でも「基本的矛盾（basic contradiction）」でもない。そのような還元主義的語法はここでも慎重に回避されている。第二のカテゴリーは「運動する矛盾（moving contradictions）」であり、資本がそれらの矛盾を通して運動し発展していくものとして論じられている。そこには、技術や分業における諸矛盾、独占と競争との矛盾、地理的不均等発展の矛盾、社会的再生産における諸矛盾などが含まれている。最後の第三のカテゴリーが「危険な矛盾（dangerous contradictions）」であり、資本主義の解体や麻痺を生みかねない重大な諸矛盾が論じられている。終わりなき複利的成長の矛盾、資本蓄積と自然との矛盾、普遍的疎外の矛盾がそれである。

ハーヴェイはこれらの矛盾について論じながら、同時に資本主義に代わるオルタナティブについても随所でかなり具体的な議論を展開している。私はそのすべてに同意できるわけではないが、理論的に大いに参考になる議論が展開されていることは間違いない。

さて、これらの矛盾をざっと概観すると、マルクスが『資本論』第三巻であれほど重視した「利潤率低下の矛盾」が含められていないことに気づく。先に述べた『経済学批判』序言において、マルクスが生産力と生産関係との矛盾による社会革命の到来について書いたとき、直接的な歴史的経験としては封建制からブルジョア社会への移行過程が念頭に置かれていたのだが、同時にマルクスは、この図式が資本主義にもあてはまることを、それまでの経済学研究（『経済学批判要綱』）を通じて証明することができたと確信していた。そのメカニズムこそが利潤率の傾向的低下法則である。

資本主義的生産様式における生産力の発展は何よりも資本の有機的構成の高度化のうちに表現される。すなわち、資本一単位当たりに占める不変資本（生産手段に投じられた資本）の割合が可変資本（労働力に投じられた資本）に対して大きくなっていくことである。他方で、資本という特殊な生産関係の運動原理は利潤の最大化であり、それは何よりも利潤率のうちに、すなわち生産過程で搾取される剰余価値を不変資本と可変資本の合計で割った値のうちに表現される。しかし、生産力の増大とともに資本の有機的構成が高度化すると、たとえ搾取率の増大によって資本一単位あたりに取得される剰余価値の絶対量が多少増えたとしても、利潤率全体は低下せざるをえない。資本はこの低下を阻止ないし回復すべくさまざまな行動に打って出るのだが、それでもそれはこの低下を遅らせたり、一時的に上昇させたりすることができるだけで、長期的・傾向的には利潤率の低下は免れない。つまり、生産力が増大すればするほど、特殊な生産関係としての資本はその内的動力を弱めていき、やがては生産に資本を投じる動機を失ってしまうのである。これこそ、生産力と生産関係との矛盾の、独自に資本主義的な形態に他ならない。

この利潤率の傾向的低下法則については、マルクス派の中でも擁護派と懐疑派とに分かれるのだが(13)、ハーヴェイは基本的に懐疑派に属している。私は恐慌の一般的な発生メカニズムとしてこの利潤率低下論を使うことに関しては懐疑的だが、長期的な資本主義の発展軌道を理解する上では決定的に重要な意味を持っており、今日でも十分に妥当すると思っている。それどころか、ハーヴェイの言う「略奪による蓄積」への資本主義の昨今の傾斜は、利潤率の低下によって通常の生産過程において十分に高い利潤を稼ぎ出すことができなくなったことの結果に他ならない(少なくともそれを一つの重要な要因にしている)と私は考えている。国有財産の民営化も、労働保護の破壊や福祉の削減も、金融資本主義への傾斜も、サービス労働者に対する過剰搾取も、第三世界における資源や土地の争奪も、同じく第三世界における手の労働(バングラディッシュの縫製労働者を筆頭に!)の大規模搾取も、歴史的に著しく低下してきた利潤率を何とか回復し、あるいは利潤に代わる別の蓄積源泉(利子やレントの取得、直接的な資産収奪など)を獲得しようとする資本の必死の行動の現われでもある。だから、ハーヴェイの議論はむしろ利潤率の傾向的低下論を入れることでいっそう説得的なものになると私は考える。

そして、とりわけ先進国の資本主義がますます、本来の利潤よりも略奪やレントの取得に傾斜することは、資本主義の歴史的終焉の接近をまぎれもなく示すものである。封建制社会から資本主義社会への移行が歴史的に進歩的だったのは、後者が生産力の大規模な発展を生み出したからだけではなくて、搾取の論理が、土地や人身への直接的な支配に基づくあからさまな略奪や伝統的土地所有に基づく不労所得（年貢や貢納）の取得から、生産者の形式上の自由と自立を基本とする交換関係を媒介とした「正当な」搾取へと転換したからでもある。しかし今日、資本主義はその本来の「正当な」搾取から、封建制におけるような、あからさまで不法な略奪や、土地や資産の所有に基づく「不労所得」（利子やレント）の取得へとますます傾斜しつつある。本来の搾取を行なう場合も、第三世界での過剰搾取や先進国での非正規労働者に対する過剰搾取に見られるように、労働力価値よりもはるかに低い賃金しか支払おうとせず、しかもしばしば暴力と抑圧を伴っている。ここでもまた略奪による蓄積ないし領有に近づきつつある。言いかえれば、資本主義はいわばますます封建化しつつある。資本主義国家もまたそれに連動してますます権威主義的で、階層的で、閉鎖的で、抑圧的になっている。資本主義はもはやその進歩的な歴史的使命を果たし終えつつある。それはますます社会の発展と人間解放に対する醜悪な桎梏となっている。それは取り除かれなければならないし、取り除かれるだろう。

（二〇一七年五月）

注

(1) 先進国の中でほぼ唯一の例外をなすのは日本である。多様性を欠いた日本では、左派的な運動の場でも研究の場でも、日系日本人の中高年男性が圧倒的多数を占めている。

(2) ちなみに、恐慌の原因をこの利潤率の低下に求めた最初の人物は実はマルクスではなく、古典派経済学の最後の大物であるJ・S・ミルである。このことはミル研究者にはよく知られた常識的な事実だが、マルクス経済学者にはあまり知られていない。

(3) このような共進化の観点は、社会全体を考察する場合だけでなく、よりミクロな部分構造の進化・発展を理解する上でも重要である（共進化システムはそれ自身のうちに大小さまざまな部分的共進化システムを内包した複合的で重層的な全体をなしている）。たとえば、マルクスは、『資本論』の「機械と大工業」章において、何が機械を成立させたのかに関して、通説で言うところの蒸気機関の発明ではなくて、道具機（作業機）の発明であるとしている――「機械のこの部分、道具機こそは、産業革命が一八世紀に出発するところのものである」（全集版『資本論』第一巻、四八八頁）、「蒸気機関そのものも、一七世紀末にマニュファクチュア時代のあいだに発明されて一八世紀の八〇年代の初めまで存続したが、どんな産業革命をも呼び起こさなかった。むしろ反対に、道具機の創造こそ蒸気機関の革命を必然的にしたのである」（同前、四九〇頁）。このような理解はいささか一面的である。道具機の発明、蒸気機関の発明、石炭の大規模な採掘とその利用、それにふさわしい伝道装置の開発、等々は機械を成立させるための諸契機であり、それらは相互に連動しあい共進化しあって近代的な機械を成立させるのである。蒸気機関の発明だけで機械が成立しないのは、それが機械という小システムの一契機にすぎないからであり、それが作業機の発明等々と共進化することで、近代資本主義的な意味での「機械装置」を成立させていくのである。

(4)この共進化システムにおいて「生産」がもつ物質的土台としての意義を単純な因果関係として理解することは根本的に間違っている。たとえば、世界システム論者や「帝国主義の先行説」論者にしばしば見られるのだが、彼らは、イギリスの「帝国システム」と「産業革命」との関係を因果的に理解したうえで、「マルクス主義者は『産業革命→帝国システム』という(経済主義的)因果関係を想定するが、むしろ逆で『帝国システムの成立→産業革命』という因果関係が成り立つ」という趣旨の議論をする。だが「産業革命」なしにはイギリスの帝国システムは単なる古い軍事的・金融的支配の一バージョンでしかなかったろう。ちょうど清朝に至るまでの中国の諸「帝国」やモンゴル帝国が単なる封建システムの一バージョンでしかなかったように。イギリス「帝国」が産業革命による生産の根本的変革という物質的土台を獲得したからこそ、われわれの知る資本主義世界システムを可能にしたのであり、その意味で結局、産業革命はイギリス帝国の物質的土台だったのだ。それはあくまでも共進化システムにおける「土台」なのであって、一方向的な因果関係システムにおける「土台」なのではない。通常、「物質的土台」は歴史的に後から獲得されるのである(「機械と大工業」のように)。逆に言うと、新しい「物質的土台」を獲得しなかった「新しいシステム」は「新しいシステム」として長続きせず、したがって後世の歴史家はそれを、世界史を画する「新しいシステム」と認識することもなかったろう。結局、ソ連帝国がそうなったように。経済的諸関係を物質的土台とみなすマルクスのいわゆる「史的唯物論の公式」はこの共進化論において本当の意味で生かされるのである。
(5) この観点は、いわゆる「封建制から資本主義への移行」論争を解決する上でも決定的に重要である。論争においては、何が封建制から資本主義への移行を決定づける要因だったのか、人口動態の変化なのか、商業の発展なのか、所有関係の変革なのか、生産力の上昇なのか、各国間の競争なのか、国家の政策なのか、等々をめぐって論争されている。だがそれらがみな共進化関係にある諸契機ないし諸活動領域だと考えれば、封建制から資本主義への移行を決定する因果関係的な意味での決定的原因を探求する必要性は必ずしもないことになる。
(6) ローザの『資本蓄積論』はマルクスの再生産表式を誤解したものとしてさんざん批判され、日本のマルクス主義においてはほとんど省みられていないが、実際にはそこに同書の核心があったのではない。
(7) 全集版『資本論』第一巻、大月書店、五九二頁。
(8) 同前、五九六頁。
(9) 同前、八六八~八六九頁。
(10) 二〇一四年に出版されたハーヴェイの『資本の一七の矛盾と資本主義の終焉』においては、この「二つの蓄積様式」、あるいは同書での言い方では、社会的労働とその生産物の「二つの領有形態(two forms of appropriation)」のあいだには「共生関係(symbiotic relation)」があることがいっそう強調されている。ハーヴェイは「略奪に基づく経済」は「資本が資本であるための核心にある」とし、通常の「拡大再生産による蓄積」ないし「社会的労働が生み出す価値を生産点で直接に略奪すること」

は、「略奪の一系統」にすぎず、「私的『人格』（企業をはじめとする法的実体）が共同の富の大きな部分を領有し蓄積する」行為としては同じであるとしている（デヴィッド・ハーヴェイ『資本主義の終焉――資本の一七の矛盾とグローバル経済の未来』作品社、二〇一七年、八一～八二頁。訳文は修正）。

(11) ただし、個人主義的アナーキストや「ライフスタイル」アナーキストなどは論外である。彼らはたいてい男性至上主義的で、また新自由主義に親和的である。

(12) マルクス「アンネコフへの手紙」、邦訳『マルクス・エンゲルス全集』第四巻、大月書店、五六四頁。

(13) 利潤率低下の法則を最重視する最近の著作として以下を参照。Michael Roberts, *Marx 200: a review of Marx's economics 200 years after his birth*, London, 2018.「利潤率低下論者」にしばしば見られがちだが、同書も、利潤率の傾向的低下を恐慌の究極の根拠とし、また資本主義の究極の矛盾をなすものだとして、ほぼこの法則を絶対化している。

第3章

『資本論』第二巻の理論的・階級的可能性

【解題】本稿はもともと、デヴィッド・ハーヴェイ『〈資本論〉第二巻・第三巻入門』(作品社、二〇一六年)に書いた訳者解題にもとづいている。今回、本書に収録するにあたって、ハーヴェイの著作そのものについて紹介・解説している部分をすべて削除し、『資本論』第二巻を理論的および階級的な方向で発展させていく可能性について論じた部分を大幅に拡張した。とくに最後の、恐慌論に関する記述はすべて今回加筆したものである。

『資本論』第二巻は、『資本論』全巻の中で最も無味乾燥で、最も社会的・階級的観点の乏しい巻であるとみなされているし、実際そうした印象には根拠がある。ほとんどの読者がこの第二巻で挫折するのも無理はない。しかし、『資本論』第一巻でさえ、現在われわれが目にしているような階級闘争の豊富な記述や労働者階級の状態に関する力強い告発の多くは、実はマルクスが最後に自分の原稿を仕上げて清書する段階で書き加えたものなのである。理論的な考察や探求を中心としている一見無味乾燥な原稿は、一番最後の仕上げの段階で真に生き生きとした細部と彩りとを加えられて、それによってはじめて真の生命を宿すようになるのである。

したがってマルクスがもっと長生きして、この第二巻を本当に最後まで完成させることができたとしたら、一見無味乾燥に見える『資本論』第二巻の骨組みに、実に豊かな理論的肉付けと現実的彩りとを施したことだろう。それは具体的にいったいどのようなものになっただろうか？このことを想像してみることは理論的に有意義であるだけでなく、それ自体、非常に楽しいことだろう。『資本論』第二巻を対象にしたこれまでの研究者のほとんどがひたすら『資本論』の「正しい」解釈に汲々としてきた。それは確かに必要なことである。だがそれでとどまるのは、何ともったいないことか！(1) 以下、私なりに『資本論』第二巻の階級的・理論的可能性を試論的に展開してみたい。

1、運輸交通様式と流通過程の実質的包摂

運輸交通手段の発展

マルクスは第一巻で、協業、分業、機械と大工業といった生産様式の発展過程に長大な頁を割いて非常に具体的かつリアルに論じているが、同じような観点は、交通様式や輸送手段の発展にも適用することができるだろう。ハーヴェイが力説している運輸交通手段や通信手段の発達と拡張はまさに、資本主義の蓄積運動と回転にとって決定的な意味を持ち、われわれの生活と地球の相貌そのものを大きく変える大変革をもたらした。広い意味での生産様式は交通様式を含む概念であり、それゆえマルクスは『資本論』第一巻ですでに運輸交通手段の発達についても多少論じている(2)。しかし、狭い意味では運輸交通様式は生産様式と区別されるし、この運輸交通手段や交通様式の歴史的発展過程、その具体的な諸事例を第二巻においてより本格的にかつ雄大に描き出せば、それは第二巻をいっそう身近で、理解しやすいものにしただろう。

ただし交通や輸送の様式に関しては、生産様式のように、「協業→分業とマニュファクチュア

→機械制大工業」のような明確で単線的な諸段階を想定することはできないだろう(3)。輸送に関しては少なくとも、輸送手段、貨物の積み下ろし手段、輸送される商品それ自体（輸送対象）、という三つの契機に分けて、それぞれの発展・改良を想定することができるだろう。さらに、輸送手段それ自体も、輸送の物質的諸条件（運河、鉄道、道路、港湾、空港など）、直接的な意味での輸送手段（荷船、列車、蒸気船、トラック、ミキサー車、冷蔵車、タンカー、飛行機など）、輸送のための容器・入れ物（木箱、麻袋、段ボール、ドラム缶、プラスチック容器、紙パック、コンテナ、真空パックなど）という三つに分かれる。これらの諸要素のそれぞれの発展、それらの複雑な結合、等々を通じて、輸送の様式は大きく変化する。

たとえば、マルクスが『共産党宣言』などで取り上げた鉄道と蒸気船は、資本主義を空間的に拡張する上で決定的な役割を果たし、国内市場を統合するとともに、世界市場を成立させた。冷蔵技術の発展やコンテナ輸送の導入は、輸送分野における革命的変革と言えるものだった。とくにコンテナとクレーンの組み合わせは、かつて木箱と人力の結合にもとづいていた貨物の積み下ろし作業を一変させ、輸送時間も輸送費も大幅に引き下げ、経済のグローバリゼーションに革命的な刺激を与えた。それはまた、基本的に労働者自身の熟練と肉体的力と連帯とに基づいていた港湾労働のあり方を一変させ、独特の結束力と団結力を誇っていた港湾労働組合を決定的に弱める役割も果たした。

輸送と並んで通信技術がこの間に大規模な発達を見たのは言うまでもない。コンピュータ化と情報化の進展は、運輸・通信産業を激変させ、それを爆発的に拡大した。それは社会や日常生活そのものをも大きく変貌させ、もはやこれらの技術やシステムなしにはいかなる産業も日常生活も成り立たない状況をもたらした。

輸送される商品の改良に関しても、歴史的に大きな変革が次々と成し遂げられてきた。最近のごく身近な事例を挙げておくと、現在いわゆる「濃縮還元ジュース」が果汁一〇〇％ジュースの主流になっているが、これは、果汁の製造工程で水分を取り除いて濃縮し（その濃縮の方法も技術的にますます改善されている）、それによって容量を七分の一程度にし、輸送コストを大幅に削減することに寄与した。またこの方法は、コストの削減になるだけでなく、品質や糖度を均等にすることもでき、均一の資本主義的商品を可能にした。そしてこのジュースが紙パックやペットボトルという軽くて安価で破損しにくい容器に入れられることで、なおいっそう輸送コストが削減された。

通常の野菜も、この輸送コストの削減という観点から品質改良がなされ、特定の品種だけが市場を独占するようになった。地域によって多くの種類があった大根が今ではほとんど青首大根だけになってしまったのは、その品種が最もまっすぐで適度に太く、輸送に好都合だったからである。味や栄養などの品質よりも、輸送コストという条件が特定の品種や商品を市場で勝者にするのである。

これらは、商品の（自然的）使用価値でさえ資本主義的に変形されてしまう典型的な事例でもある。商品の使用価値は、生産過程における資本の利潤原理ゆえにしばしば歪められるのだが、それは流通過程における資本のコスト優先の原理によっても歪められうるのである。

流通過程における物神性の進展

物神性の問題は『資本論』第一巻の第一章や第三巻において中心的なテーマとして取り上げられているが、実はこの二巻の領域においても重要なテーマになりうる。

資本の生産過程において生産された剰余価値は生産された商品の中に埋め込まれており、単に潜在的な存在にすぎず、それ自体はまったく目に見えない。資本家はその商品を流通過程で消費者（資本家か労働者、あるいはその他の買い手）に販売してはじめて、生産物の中に社会的に埋め込まれている剰余価値を実現することができる。数字で目に見えるようになるのは、流通過程で実現されて手元に還流してきた貨幣としてでしかない。資本家（生産資本家）にとっての剰余価値は、投下した資本と還流してきた貨幣との間の差額としてのみ始めて現実的な存在となる。すなわちそれは「利潤」（実現利潤）となる（マルクスは『資本論』第三巻で初めて利潤概念を提示するが、それは一面的である）。それゆえ、資本家にとっては、利潤は何よりもこの差額として存在するのであり、それゆえ、資本家の目からは、そしてその代弁者の目からも、利潤はしばしば、単なる流通過程における人為的操作、すなわち安く買って高く売るという流通上の操作の産物であるかのように見える。どんなに大量の労働者を使って大量の生産物を生産しても、それらは何ら資本家に利潤を保障するものではない。もしそれらがほとんど売れなければ、それらの生産物は単に在庫となって、利潤を資本家に与えるどころか、追加的費用を負わせるだけである。逆に生産過程でそれほど多くの労働者を使用していなくても、飛ぶように売れれば、大きな利潤を資本家に保障する。生産過程の規模や労働時間から相対的に自立した流通過程の独自の運動は、利潤の源泉が生産過程における労働者の生産的労働ではなく、流通そのもののうちに、資本家による販売行為のうちにあるかのように見えさせる。

さらにこの事情に実体的な根拠を与えるのは、まず第一に、流通過程においては実際に運輸のように生産的労働が投下される過程（マルクスが言うところの「流通過程に延長された生産過程」）が存在し、そこにおいては実際に価値としたがって剰余価値が生産されていることである。第二に、流通過程においては常に一定の流通費（運搬費を除く店舗費や倉庫管理費や簿記費、流通労働者の賃金など）がかかり、これらの流通費は剰余価値からの控除であって、利潤の源泉ではなく利潤に対する制限である。そして、この流通費が多くかかるか少なくかかるかで、実際に資本家の獲得する利潤額は大きく異なって来る。第三に、資本の平均的な回転率は部門によって大きく異なっており、この相違は年間において個々の部門の資本家が平均的に稼ぎ出す年利潤に大きな相違をもたらす。これらの諸事情はすべて、利潤の源泉が生産過程にではなく、あるいは少なくとも生産過程と並んで流通過程にもあるかのような仮象を生み出す。

このように流通過程は、生産過程と並んで、いやそれ以上に、商品の物神化過程を促進し一般化する。さらに『資本論』第三巻で解明される平均利潤率の成立を通じて、商品の価格が価値から、利潤が剰余価値から実体的にも乖離することによって、なおいっそう利潤の源泉が見えなくなり、物神化が進展することは言うまでもない。

流通過程における実質的包摂とコンシューマリズム

さらに、マルクスが第一巻で提出している「資本による労働過程の形式的包摂と実質的包摂」という概念は、必要な修正を施した上でこの流通過程論にも適用することができる。たとえば、マルクス主義経済地理学でよく取り上げられている「資本による空間の形式的包摂と実質的包摂」という概念がその一例だ。この観点に立てば、労働過程の包摂は、資本による空間的包摂の一形態であり、生産地点における空間的包摂である。しかし、工場や敷地の外部にも広大な空間が広がっている。資本がそれらの空間において旧来の流通様式を自己の支配下に置けば、それは流通空間の形式的包摂である。しかし、それはまだ資本が移動し流通するのに十分適合した空間にはなっていない。土地を平坦にし、山を削り海や川を埋め立てて（あるいは川を地下に通して）広大な空間をつくり出し、鉄道や道路を縦横に敷設し、倉庫や工場群や商業施設を建設し、電気や電信網を張りめぐらし、港や空港を整備し、こうしてハーヴェイの言う「建造環境」を整えてこそ、その空間は本来の「資本の空間」となるのである。これこそ資本による空間の実質的包摂である。このような資本主義的な空間編成を通じてまさに世界は資本の姿に似せて作り変えられるのである。

さらには、流通空間だけでなく、労働者の消費過程に関しても「資本による形式的包摂と実質的包摂」という概念を適用することができよう。これまで生活手段の大部分を自家生産していたり、あるいは独立自営職人や自営業者から購入していたのが、資本主義的に大規模生産された諸商品を購入するようになった場合、労働者の消費過程は資本によって包摂されたと言える。しかし、それはまだ既存の必需品、既存の欲求が前提されており、それらが資本によって、あるいは資本主義的商品によって満たされたにすぎない。それゆえこの消費過程の包摂はまだ形式的である。しかし、労働者の必要や欲求そのものが資本によって変容され拡張された場合、すなわち、資本によって次々と開発される新商品に労働者が魅了され、それを必要だと考え、それなしには生活できなくなると感じ、実際にもそうなる場合、労働者の消費過程は資本によって実質的にも包摂されたのである。それは消費様式のみならず、生活様式そのものも、人々の社会的意識も変革する。二〇世紀から始まった大衆消費社会はこの「消費過程の実質的包摂」を体現するものであった。古くはテレビ、洗濯機、冷蔵庫に始まり、クルマ社会を経て、最近のパソコン、携帯、スマホに至るまで、この実質的包摂の過程は絶えず深化を続けている。たとえば今では高齢者以外のほとんどすべての人が、ほんの一瞬の時間的隙間も惜しんでスマホをいじっているが、このような光景は真に驚くべきものである。

これこそ現代資本主義に特徴的な「コンシューマリズム（大衆的消費様式、消費主義）」の問題に他ならない。この過程は、労働者の工場外ないしオフィス外での日常生活も資本によって間接的に支配される状況を生み出しているだけでなく、このような新しい必需品（とりわけそれが住宅や自動車のような高額商品の場合）を手に入れようとして、労働者はなおいっそう勤勉に働こうとし、より長時間働こうとする。そして、それでも足りなければ（とくに賃金の停滞状況の中では）、借金してまでも入手しようとするだろう。これが一時的な「過剰消費」や「過剰需要」を生み出し、資本の蓄積過程を著しく促進するとともに、大規模な恐慌をも準備するのである。

能である。

2、流通過程における階級問題と搾取

流通過程における階級問題

『資本論』第二巻の内容をより発展的な方向で展開していくことは、労働問題をめぐっても可能である。

マルクスは第一巻で労働日に関する章や機械に関する章、資本主義的蓄積の一般的法則に関する章で、膨大な一次資料を用いて、労働者の置かれた過酷な状況、資本と労働との対抗関係と階級闘争について詳細に展開した。ピカソのゲルニカがナチスの空爆によってもたらされた地獄を芸術的に暴き出したように、マルクスのペンは資本主義がもたらした地獄絵図を散文的に暴き出した。それは、勝利に酔いしれるイギリス資本主義の仮面を剥ぎ、その血塗られた素顔を満天下に示した。
だがこのような情熱的告発は第二巻にはほとんど見られない。ハーヴェイの言い方を真似れば、そこではマルクスは会計士の帽子をかぶっている。しかし、流通過程において労資の対抗関係や過酷な労働状況が存在しないわけではない。それどころか、現代資本主義においては、まさにそこにこそ典型的な過剰搾取の状況が見られるのである。

マルクス自身が強調するように、資本の本質は流通期間をできるだけ短縮し、「要綱」の言葉で言えば「流通期間なき流通過程」を実現しようとし、それによって回転期間をできるだけ短縮

しようとする不断の運動である。この傾向は何よりも、一流通過程に延長された生産過程」である運輸部門において過酷な過密労働と長時間労働をもたらした。とりわけ輸送手段の中心が鉄道からトラックに変わったことで、トラックを運転する個々の労働者の働きぶり、その過密労働、長時間労働、深夜労働に輸送業務はますます依拠するようになった。さらに一九七〇年代以降、宅配事業という小規模な輸送サービスが資本主義的に大規模に組織されるようになったことで、この傾向はいっそう強まった。インターネットによる買い物や、翌日配達や配送料無料という過剰サービスが普及したことによって、輸送労働者の労働環境はいっそう過酷なものとなった。労働量はますます増大し、賃金はますます下がった。

このような傾向は直接の輸送労働者を巻き込んだだけではない。輸送業務は、荷物の受け取り、保管、仕分け、積み下ろし、配送、荷物の受け渡し、といういくつかの局面に分かれるが、流通期間の絶えざる短縮化傾向は、配送作業だけでなく、その前段である仕分け作業においても大規模な夜間労働や長時間労働を必然的にもたらした。もしマルクスが現代に生きていたら、輸送労働者や仕分け労働者たちのこうした過酷な労働状況に注目し、それを資本主義告発の有力な一材料にしたことだろう。

だが、輸送分野は単に過酷な労働状況の温床であっただけではない。それはしばしば階級闘争の先進的舞台にもなってきた。輸送労働者は輸送手段という、資本の流れの連続性にとって決定的な手段を握っているだけに、資本に対する独自の対抗力を持っていた。直接の生産分野においては、たとえ労働者がストライキをしても、その工場が一時的に停止するだけである。またよっぽど大規模に生産をストップさせないかぎり、ストライキの効果はあまり大きくない。しかし、輸送がストップされれば、多くの資本が同時に被害をこうむる。一部でもストップされれば、資本はたちまち流れの連続性を失う。

また運輸や交通に関わる諸業務はしばしば熟練労働であり、高度な訓練と知識を必要とする。トラック労働者などの運転業務を担う労働者の場合はとくに階級的自立性が強い。トラック労働者はトラックそのものを所有していなくても、工場における機械と労働者との関係よりもはるかに、自己の用いる輸送手段に対して主体的に関わっているからである。通常の生産過程においては労働者は外形的にも機械に使われている存在であるが、輸送過程において運転労働者はトラック（あるいは列車や航空機）を自ら操り、それを自己の意志のもとに制御しているのであって、それに使用されているのではない（少なくとも外形的にはそうだ）。この特殊性は当然、労働者自身の心理や自立性にも反映する。

こうした種々の独自性ゆえに、輸送関係の労働者は労働組合に組織化されやすいとともに、しばしば階級闘争において先進的役割を果たしてきた。鉄道労働者の組合やトラック労働者の組合は、多くの国で最も戦闘的な労働組合の一つであった。アメリカのチームスターや日本のかつての国労や動労などがそうである。

流通過程における労働問題は運輸交通分野にだけ見られるわけではない。それは本来の流通過程、すなわち売買の過程にも見られる。そしてこの分野でも労働者の置かれた状況はしばしば過酷である。そしてこの問題は『資本論』第三巻の商業資本の問題を論じる以前にも論じることは十分可能である。

周知のように、売買に直接かかわる労働は価値も剰余価値も生まない。そこにかかる労働も費用も資本主義的には空費になる。それゆえ資本は、この労働と費用を最小限のものにしようして、過酷な労働を押しつける。ウォルマートや種々のディスカウントショップなどの現代の大手小売業において典型的に見られるのは、広大な敷地につくられた巨大な店舗にごくわずかな従業員が配置され、客の要望に合わせて広大な空間を絶えず歩きまわり（時には小走りで）、商品をレジに運んだり売り場に補充したり、商品を並べなおしたり、絶え間なく服をたたんだり、会計を行なったり包装したり伝票を作成したりする姿である。そして、これらの労働者の大多数は典型的に低賃金の非正規労働者である。

このような大規模店舗だけでなく、コンビニエンスストアやファミリーレストランや居酒屋のような小規模店舗でも、労働者たちは低賃金のまま過酷な長時間労働や深夜労働を強いられている。二四時間三六五日の労働を唱えたかの有名なワタミは居酒屋のチェーン店だったし、深夜の一人勤務（ワンオペ）が問題になったすき家は牛丼のチェーン店である。

売買過程における二次的搾取

労働者は何よりも生産過程において資本によって搾取されており、また先に述べたように流通過程でも過酷な搾取が行なわれている。だが、どちらも資本に雇用されている労働者がこうむる搾取であった。しかし、消費財の売買過程においても、労働者は今度は買い手として、しばしば資本家によってだまし取られたり、価値以上の価格で買わされたり、劣悪な商品をつかまされたりすることによって、「搾取」されている。マルクスはこれを、「生産過程の内部で直接起こる本源的搾取と並んでなされる二次的搾取である」(4)と述べている。この「二次的搾取」については『資本論』のどの箇所で論じるのが適切だろうか? 明らかにこの流通過程の部であろう。

しかしマルクスは、「資本の流通過程」論において、商品の販売過程そのものについては具体的にはほとんど述べておらず、それは事実上、資本循環の一契機としてのみ扱われるか、あるいは流通費ないし流通時間の問題に還元されて論じられている。しかし、この販売過程においても買い手としての労働者を搾取する豊富な機会が存在するのであり、それを具体的に生き生きと描き出すことは、『資本論』第二巻に素晴らしい理論的肉付けを与えるものになっただろう。

買い手が資本家である場合にももちろんさまざまな騙しや略奪は存在するが、それは資本家同士の関係にすぎず、資本と賃労働との関係には基本的に影響を及ぼさない(ただし、独占資本と非独占資本との間では別である。独占資本から剰余価値を略奪された非独占資本は、しばしば自身の労働者への超過搾取によって取り返そうとするからだ)。しかし、買い手が労働者およびその家族である場合、売り手たる資本家はしばしば、さまざまな理由から弱い立場にある労働者(商品についての正しい情報や知識を欠いている、たとえ劣悪なものでも生きていくために買わざるをえない、そもそも所得が少なくどんなものでも買わざるをえない、等々)を系統的にだまして、あるいは堂々と劣悪商品や健康に有害な商品を買わせて、さまざまな二次的搾取を行なうのである。それは、対等な売り手と買い手とのあいだの売買関係ではなく、あるいはまた単なる個別的・偶然的な過程でもなく、売り手と買い手という姿を取った階級関係なのであり、そこでは二次的とはいえ階級的搾取がしばしば行なわれているのである。

たとえばマルクスは、『直接的生産過程の諸結果』および『資本論』において、ロンドンのパン屋には二種類あって、労働者向けの安売り店では、さまざまな有害な混ぜ物がされたパンが売られており、労働者はその立場の弱さゆえにそれを買わざるをえないという実態について指摘している(5)。この問題はマルクスの時代にだけ存在するのではない。むしろ第二次世界大戦後の高度経済成長期において、すなわち独占資本による大量生産・大量消費時代においてより大規模に、より普遍的に見られるようになり、それはしばしば深刻な公害事件や健康被害をもたらした。たとえ消費者の健康や環境に有害であっても、安く大量に生産でき、儲けを上げることができるならば、資本家はそういう商品を大量に生産して販売することを躊躇しない。最近でも、大手の賃貸業者が耐震構造を手抜きした住宅を多数建設して賃貸していたことが暴露されている。資本は売買過程においても「わが亡き後に洪水は来たれ」という原理にもとづいて行動するのである。

この売買過程における二次的搾取の問題は、先ほど述べた消費過程の実質的包摂ないしコンシューマリズムの問題とも密接に結びついている。消費者を特定の消費財に対する依存（中毒ないし嗜癖）状態にすることができれば、それを通じて系統的かつ長期的に消費者を搾取することができるだろう。たばこやお酒などの「嗜好品」はその古典的な事例である。また、形式的にはしばしば違法である（が実質的には許されている）麻薬、ギャンブル、ポルノは今日でもきわめて深刻な問題である(6)。日本でもつい最近カジノが一部合法化され、この種の二次的搾取の形態が大きく発展する可能性が資本に（主としてアメリカ資本に）開かれた。最近広く蔓延している課金制を伴ったネットゲームも典型的に中毒性のある商品である。このようにして資本家は、商品から貨幣への「命がけの飛躍」をできるだけ安全で確実なものにするのである。

また、商品を価値以上に吊り上げて消費者を搾取する古典的手法は、とりわけ一九七〇年代における石油ショック以後に日本でもその他の先進国でも生じた狂乱物価を通じて大規模に実行された。そこでは、さまざまな生活必需品が独占商業資本によって売り惜しみされ、価格が不当に吊り上げられ、独占資本は巨額のもうけを上げた。このように資本主義的商品の売買過程においては、単にすでにその中に含まれている資本価値や剰余価値が実現されるだけでなく、新たに追加利潤や不当利得を上げる豊富な機会が存在するのであり、資本はそのようなあらゆる機会を利用しようとするのである。

最近、この日本でも推進されている水道の民営化も、水という、人々が生きていくうえで決定的な「財」を資本の独占下に置くことで、その価格を不当に吊り上げたり、あるいは（コスト削減のために）水質を悪化させたりすることで、労働者およびすべての住民を二次的に搾取する手段である。日本以外でこれが試みられた国々では、水道料金が跳ねあがり、そのため、水という最も重要な資源をめぐってしばしば深刻な階級闘争（住民闘争という形態を取ったそれ）が起こり、次々と民営化が見直され再公営化される事態になっている。

3、第二巻第三編における恐慌と階級闘争

最後に、『資本論』第二巻に関して最も研究と論争が活発に行なわれている第三編における階級的可能性についてみておこう。

再生産表式と恐慌論

『資本論』第二巻の再生産表式の解釈をめぐっては、そこでのマルクスのあれこれの文言に基づいて、恐慌が起こる複数のシナリオがその後の研究者たちによって描かれ、激しい論争が繰り広げられてきた。一つは、労働者の需要の構造的制限性にもとづいて、それによって再生産表式の均衡が破壊され恐慌にいたるという過剰生産恐慌のシナリオ（欧米では「過少消費説」と表現されているもの）であり、もう一つは、好況が昂進することで過剰蓄積状態が生まれ、労働力の供給はすぐに増やせないことから、労賃の上昇（と利子率の上昇）が起こり、利潤率が急激に下がって恐慌が起こるという過剰蓄積恐慌のシナリオ（欧米では「利潤圧縮説」と呼ばれているもの）である。どちらに対してもマルクスはその根拠となるような文章を『資本論』に残しており、それゆえ、どちらもマルクスに基づいて自説の正しさを証明しようとするし、することができる。もちろん、マルクスの文言をよく読めば、両説を両立させるような解釈もけっして不可能ではないし、それを試みた研究者も少なからずいる。また最近では第二巻のもととなった草稿も公刊されてい

るので、それにもとづいてより精緻な解釈論も展開されている。

しかし、この対立が単に『資本論』の解釈という範囲内で展開されているかぎり、どこまでもマルクスという「お釈迦さま」の手の平の上にとどまることになり、閉塞感をぬぐえないだろう。むしろ私は、階級闘争という決定的な変数を導入することで、この二つの説を媒介したいと思う。

この両説は、好況末期における労賃の水準について正反対の見方に立っている。「過剰生産」説は、たとえ好況期に労賃が多少上昇するとしてもやはり構造的に制限されているということを強調し、それゆえ好況期に思惑的に膨大に生産される消費財を吸収することができず、したがって過剰生産恐慌が起こると主張する。「過剰蓄積」説はその逆に、労賃が必要なレベルを超えて上がりすぎることに問題があるのだと主張し、それが利潤を圧迫して恐慌をもたらすのだと主張する。しかし、その時々における労働者の階級意識やその組織度、そして階級闘争の全般的水準を抜きにして、好況でもあまり労賃は上がらないとか、逆に労賃は上がりすぎるなどと確定的に言うことができるのだろうか？

階級闘争という変数

両説がマルクスの主張を正しく解釈しているかどうかという次元とは別に、両説とも、階級闘争とまったく無関係に何らかの客観的な経済法則が存在していると仮定しており、それにもとづいて恐慌の客観的で法則的な発生メカニズムを明らかにしようとしている。この両説にかぎらず、ほとんどのマルクス経済学者はそのような立場に立っている。しかし、好況期における労賃の上昇度も上昇以前の労賃の平均水準も、その時点における労働者の階級的自覚、組織度の全般的水準、階級闘争の実際の成り行き、階級闘争の結果であるとともにその制約与件でもあるさまざまな法的・制度的諸条件、等々に依拠している。

それゆえこの決定的な変数を入れるのなら、両説は、この変数の異なった水準に依拠したシナリオであると考えることができるだろう。たとえば、資本主義の初期段階においては、労働者のほとんどは成人男性熟練労働者であり、熟練工の同業組合やその後継団体である職能組合に組織されていたので、好況期に大幅な労賃上昇を実現することは相対的に容易であったろう。それゆえ、その時期においては、資本の蓄積運動は何よりも熟練労働力の不足による過剰な賃金上昇によって周期的に妨げられていた。これは、恐慌という現象にまだ至らない段階における景気変動の重要なメカニズムである。マルクスは『資本論』では、これを「資本構成一定のもとでの資本蓄積」の運動として分析している。ここではまだ景気変動における恐慌という爆発的転換点は見られない。

しかし、資本は大規模な機械化を遂行することによって、第一に、資本の価値構成を高めて、かつての、資本の拡大と比例して労働力を増やさなければならないという限界を克服し、第二に、熟練労働を解体して、熟練労働力の供給不足という決定的な「制限」を突破し、第三に、その養成に長期間かかる熟練を必要としなくなることで、農民や他部門の労働者なども労働力として動員することができるようになり、第四に、成人男性だけでなく、女性や子供も労働力として動員できるようにすることで、労働力プールを劇的に膨張させることができた。一石二鳥どころか、一石三鳥にも四鳥にもなるこの機械化によって、資本は、好況期における労働力不足による賃金の急上昇という事態を回避することができたのである。

しかし、これは諸刃の刃でもあった。大規模な機械化のために、一方では、大量の固定資本投資とそれに見合うだけの流動資本（原材料）投資をあらかじめ遂行しておくことが必要になり、それらの投下時期とその最終的な回収時期とを時間的に大きく乖離させ、さらには、大規模な機械生産によって生産された大量の商品を市場に一気に投げ込むことを必然化させる。他方では、機械化のおかげで労賃は好況期においてもあまり上昇せず、あるいは、全体としての賃金水準が女性や子供の参入のために低下しているため、たとえ大幅に上昇しても限界があり、大規模生産に見合うだけの大規模な需要を創出することができない。こうして、労働力不足による利潤率低下という「制限」は過剰に回避され、今度は過剰生産という別の「制限」が出現するのである。

マルクスが『資本論』を書いた時代がまさにこのような時期に相当していると考えられるので、そのかぎりでは「過剰生産恐慌」説は正しいことになる。だがそれはあくまでも、恐慌の一般的メカニズムとしてではなく、特定の時代に限定され、特定の条件に依拠した歴史的メカニズムにすぎない。

その後、少なくとも先進諸国においては、労働者の側が階級闘争を通じて児童労働を制限し、女性や非熟練労働者をも組織することによって、狭い職能に縛られない大衆的労働組合を成立させ、大衆的労働者政党を発展させることができた。さらには、第一次世界大戦の悲劇とロシア革命による革命的高揚を通じて、また過剰生産恐慌としては史上最大のものであった一九二九年の大恐慌や第二次世界大戦というさらに巨大な悲劇を経て、労働者の運動は飛躍的に発展し、その組織率は急上昇し、その要求実現能力は飛躍的に高まった。資本主義が発展すればするほど労働者が窮乏化するというマルクスの展望は、その「過剰生産恐慌」説と同じく歴史的なものにすぎないことがわかった。そして労働者が十分に組織され、その賃上げ実現能力が高まれば、かつてのような周期的に需要が不足し生産が過剰になるという「制限」は発生せず、あるいは少なくとも発生しにくくなり、国家による景気刺激策や銀行による持続的な産業融資と並んで、好況の長期化を可能とした。しかし、長引く好況はしだいに労働者の全般的賃金水準を右肩上がりに上昇させることになり、持続的なインフレとあいまって、利潤の圧縮という別の「制限」を生じさせた。こうして、一九七〇年代における「危機」と長期不況をもたらしたのである。これはまさに資本の過剰蓄積による長期不況だった。この新たな「制限」の打破をもくろんだのが、新自由主義的反革命であったのは言うまでもない。

この新自由主義「革命」は、労働運動や左翼政党への攻撃や解体を通じて、好況期における労賃の全般的上昇（資本にとっては「過剰な」上昇）という「制限」を突破することをその一つの核心としていたが、それに成功するやいなや今度は再び有効需要の不足という古くて新しい「制限」にぶつかることになった。この「制限」は金融資本主義化による過剰信用供給や債務の証券化という手法によって部分的に突破され、「有効需要」は暴力的に過剰拡張されたが、その拡張には限界があった。引っ張りすぎたゴムが限界に達するや、一気に元の大きさに戻ろうとするように、拡張されすぎた「有効需要」は元の大きさへと一気に収縮した。これが二〇〇八年の金融恐慌をもたらした基本メカニズムである。ハーヴェイが言うように、矛盾と限界は「たらい回し」されるのである。

以上のように考えるなら、恐慌をめぐる「過剰生産説」と「過剰蓄積説」とは、恐慌の一般理論としてはどちらも一面的だが、恐慌の特殊理論としてはどちらも正しいということになる。いずれにせよ、労働者階級の経済的・政治的力量とそれによる階級闘争の水準という決定的な変数を無視して、恐慌の一般理論も、資本主義の一般法則も打ち立てることはできないのである。

以上、資本の流通過程に内在するさまざまな階級的・社会的諸論点について思いつくままに論じてみた。これらの諸論点を第一巻並みに豊かに展開するならば、『資本論』第二巻は十分に第一巻に匹敵する理論的・実践的魅力を備えるものになっただろう。そして、『資本論』第一巻という巨大な（緑豊かな）山を越えた読者が、美しい森も渓流も存在しないように見える荒涼とした、だがきわめて峻険な、二巻という山で遭難する（あるいは最初から登るのをあきらめる）ということもなかったろう。

実際、もしマルクスが『資本論』第二巻を最終的に完成させていたならば、当時の状況に即したさまざまな階級的・社会的諸論点も豊富に入れていたことは明らかである。すでに述べたように、「労働者の状態」論や階級闘争に関わる記述が豊富な第一巻でさえ、これらの記述の大部分は最後の段階で、すなわち印刷用原稿の執筆段階で挿入されたのである。マルクスはまさにこのような階級的・理論的肉づけを丹念に施した上で、『資本論』第一巻を世に送り出したのだ。同じことが第二巻でも生じないと仮定する根拠は一つもない。

注

（1）もちろん、そうした一般的傾向の中で例外的な存在が言うまでもなく、デヴィッド・ハーヴェイであり、『〈資本論〉第二巻・第三巻入門』（作品社、二〇一六年）はその成果の一つである。

（2）たとえば以下の箇所――「工業や農業の生産様式に起きた革命は、社会的生産過程の一般的な条件すなわち交通・運輸機関の革命をも必要にした。家内的副業をともなう小農業や都市の手工業を……その主軸としていた社会の交通・運輸機関は、拡大された社会的分業や労働手段と労働者との集積や植民地市場をもつマニュファクチュア時代の生産上の要求に応ずることはもはやまったくできなかったし、したがってまた実際に変革されもしたのであるが、同様に、マニュファクチュア時代から伝えられた運輸・交通機関もまた、生産の激烈な速度や巨大な規模や大量の資本と労働者との一生産部門から他の生産部門への不断の投げ出しや新たにつくりだされた世界市場的関連をともなう大工業にとっては、やがて、堪えられない束縛となったのである。それゆえ、完全に変革されてしまった帆船建造は別としても、交通・運輸事業は、河川汽船や鉄道や海洋汽船や電信の体系によって、しだいに大工業に適合するようにされたのである。」（全集版『資本論』第一巻、大月書店、五〇〇～五〇一頁）

（3）もっとも、今日から見ると、『資本論』における生産様式の発展の三段階図式それ自体もあまりに狭すぎる。マルクス死後に発達したコンピュータや情報技術の問題は別にしても、マルクスの生産様式（より厳密には「物質的生産様式」）論は基本的に労働様式と労働手段の変革に限定されており、エネルギー革命や素材革命などが組み込まれていない。物質的生産様式それ自体が一個の共進化システム（本書の第2章を参照）を構成しているのであり、その中では、労働者の技能（複雑労働から単純労働へ）、労働編成（協業から分業へ）、労働手段（道具から機械へ）、原材料（天然物から人工物へ）、エネルギー源（生物燃料から化石燃料へ）、動力（水力・風力・人力などから蒸気力へ、さらには物理力から電気力へ）、制御主体（人間からコンピュータへ）、等々をその主要な「諸契機」としており、これらのいくつかの契機が抜本的に変革されるときに物質的生産様式もまた共進化的に変化していくのである。

（4）全集版『資本論』第三巻、七八六頁。

（5）マルクス『資本論第一部草稿——直接的生産過程の諸結果』光文社古典新訳文庫、二〇一六年、一九〜二〇頁。全集版『資本論』第一巻、二二八〜二二九頁。だが奇妙なことに、マルクスはこの問題を労働者の賃金が後払いであることから説明している。しかし、「後払い」であることは明らかに二次的要因である。ここでの核心は、第一に労働者の賃金がぎりぎりの生活費を賄う程度であるため、このような劣悪な商品を買わざるをえないことであり、第二に、そうした労働者の弱い立場につけ込んで不当に儲けを上げようとする階級的実践が系統的に資本家によってなされていることである。

（6）ポルノは資本主義的な階級的搾取の問題であるだけでなく、もちろん、ジェンダー間の性的搾取の問題でもある。以下を参照。キャサリン・マッキノン＆アンドレア・ドウォーキン『ポルノグラフィと性差別』青木書店、二〇〇二年。

第4章　ロシア革命の意味と現代世界

【解題】本稿は、「ロシア革命一〇〇周年」を記念して二〇一七年九月一六日にテオリアの学習会で報告したものに加筆修正を施し、『テオリア』二〇一七年の六二号、六三号、六四号の三回にわたって掲載されたものである。今回収録するにあたって見出しの構成など若干の修正を行なうとともに、いくつかの注を追加した。

なお、ここで展開した資本主義の歴史における「世界革命の二つの波」という理論については、同年の一一月に行なわれたロシア革命一〇〇周年の記念シンポジウムにおいて、「世界革命としてのロシア革命」としていっそう詳しく展開しておいた。その報告は、大幅に加筆修正したうえで、『世界史から見たロシア革命——世界を揺るがした一〇〇年間』(柘植書房新社、二〇一八年)に収録されているので、ぜひそれも読んでいただきたい。

今年はロシア革命一〇〇周年にあたります。これを記念して、すでにさまざまなロシア革命関連の企画や本や雑誌の特集がそれなりに出ていますが、そのほとんどは清算主義的なものです。しかし、今日のお話はそうしたものとは一線を画し、ロシア革命の意義を、まず最初にマルクス・エンゲルスのロシア論からロシア革命とスターリニズムにまでいたるマルクス主義の理論史とロシア史の中に位置づけるとともに、次に、それ以前のブルジョア革命との対比でロシア革命の世界史的な意味を捉えなおすという二重の課題を追求したいと思います。

1、マルクス、エンゲルスにおけるロシア革命観の変遷

ロシア十月革命は周知のようにマルクス主義者が指導し勝利した最初の革命です。それまでも革命はありましたが、マルクス主義者が指導した革命はありませんでした。その後は何らかのマルクス主義者が、あるいはその影響を受けた人々が指導した革命がほとんどになります。その意味でロシア革命はマルクス、エンゲルスの理論的立場と切り離せません。そこでまずマルクス、エンゲルスのロシア論、ロシア革命論の変遷について簡単に振り返っておきます。

第一の転換

マルクス、エンゲルスのロシア観は時期によってかなりの変遷を経ています。最初のころは、ヨーロッパ反動の堡塁、支柱、牙城としての帝政ロシアという見方です。一八四八年革命において、ロシア軍が東からハンガリー革命などをつぶして、最終的にヨーロッパでの革命運動を粉砕するのに決定的な役割を果たしたことが、こうしたロシア観を決定づけました。帝政ロシアが存在するかぎりヨーロッパ革命も成功しえないし、もしヨーロッパ革命が勝利すれば、それは帝政ロシアと一戦を交えることになるだろうと見ていました。イギリスはヨーロッパ反動の経済的支柱であり、ロシアはヨーロッパ反動の政治的・軍事的支柱だったわけです。

しかし、マルクス、エンゲルスがずっとロシアを単なるヨーロッパ反動の支柱とだけみなし続

けたかというと、そうではありません。まず一八五〇年代にロシアがクリミア戦争でフランスとイギリスの連合軍に手痛い敗北を喫し、無敵だと思われていた帝政ロシアの軍隊が装備や指揮命令の点で近代化されていなかったことが露呈します。それ以降、帝政ロシアにおいて上からの改革が始まります。その改革の中で決定的なものだったのが、一八六一年における農奴解放です。この農奴制改革の動きはすでに一八五〇年代末にはロシアで始まっていたので、マルクスとエンゲルスはこの動向に強い関心を向けます。当時の両者の論文や手紙などを見ますと、二人は、すでにこの時期からロシアで革命の気運が起こりつつあるとみなすようになっています（1）。

その後、しばらくは両者のロシア革命論は不活発になりますが、一八七〇年代以降になると再び両者の議論は活発化し、ロシア革命は差し迫っており、ヨーロッパ反動の牙城である帝政ロシアが崩壊すれば、現在の支配システムは維持できないのであって、それはただちにヨーロッパ革命へと転化するだろうという議論をより熱心に展開するようになります。すなわち「反動の牙城」から「革命の前衛」へとロシアに対する見方が一八〇度変わっていったのです。ロシア帝政に対する見方が変わったわけではありませんが、ロシアをまるごと反動的な国家とみなしていたのが、それ自身のうちに革命を孕んだ恐ろしく不安定な体制とみなすようになったのです。

第二の転換

一八七〇年代にはもう一つの転換が起こります。ロシア農村共同体に対するマルクスの見方がこれまた一八〇度転換したことです。それまでマルクスもエンゲルスも、ロシアの農村共同体は商品経済と資本主義の発展とともに解体する運命にあり、したがって、ロシアのゲルツェンやバクーニン主義者が言うような、ロシアが農村共同体をそのまま維持して、資本主義的段階を経ることなく直接に共産主義へ移行することができるという理論を徹底的に馬鹿にしていました。ところが、一八六七年にマルクスが『資本論』第一巻（初版）を出版したことで転機が訪れます。

マルクスの『資本論』は当時、あまりにも難しすぎたのと、あまりにも理論的に画期的すぎたことが原因で、同時代のほとんどの人に理解されず、外国語訳もマルクスやエンゲルスの努力にもかかわらずなかなか進みませんでした。そういうところへ、ペテルブルク在住の若者（ダニエリソン）から一通の手紙が届きます。『資本論』はすばらしい著作であり、すでにロシア語への翻訳が進んでいるというのです。それまでマルクスは、ロシア人の急進派と言えばゲルツェンやバクーニンやその系列の人々ぐらいしか知らず、お互いに悪口を言い合う仲だったので、ロシア人にあまりいいイメージは持っていなかったのですが、この手紙をきっかけにマルクスのロシア人観は変わっていきます。ダニエリソンから多くの優れたロシア語文献を送られ、また自らロシア語の文献を学んでいくにつれて、ロシア社会に対するイメージを大きく変えていきます。

それとほぼ同時期にマルクスはドイツの学者マラーのマルク共同体に関する浩瀚な研究書も読みはじめていて、農村共同体は実は相当強固な生命力を持っていて、ドイツでもつい最近まで広範に存在していたことを知るようになります。当初、この事実は、ロシアの農村共同体を特別扱いするスラブ主義者に対する反駁の一材料としかみなされていなかったのですが、やがて、ロシアの農村共同体についても深く研究し、またチェルヌィシェフスキーのような優れたロシア人革命家もロシアの農村共同体を未来の共産主義の基盤にすることを展望しているのを知って、考えが変わっていきます。

このような転換は、一八七〇年代後半以降のかの有名な「『祖国雑報』編集部への手紙」や「ザスーリチへの手紙」の複数の草稿、『共産党宣言』のロシア語版序文においてはっきりとした姿をとります。とくにザスーリチ宛ての手紙の第一草稿を見ますと、そこではロシアの農村共同体がかなり高く評価されており、バクーニン主義者やナロードニキと同じく、資本主義を経なくても、西欧の高い技術を利用できるなら、これらの農村共同体が共産主義の出発点になりうる（ただし個人用益を集団用益に変える必要はあるが）という考えがかなり明確に出されています。しかし、マルクスは草稿でかなり突っ込んだ議論をしていたのに、実際にザスーリチに出した手紙はかなり短く、理論的踏み込みのほとんどないものでした。

その後、この草稿は一人歩きして、これこそマルクスの最後の見解であるとされ、ナロードニキや後のマルクス教条主義者たちから大いにほめそやされたのですが、マルクスが「『祖国雑報』編集部への手紙」もザスーリチへの手紙の詳しい草稿も結局は出さなかった事実をきちんと見る必要があります。そして実際、ロシア社会は晩年のマルクスが想定したようには発展しなかったのです。

2、ロシア・マルクス主義の成立から一九〇五年革命へ

プレハーノフとロシア・マルクス主義の成立

プレハーノフやザスーリチ、アクセリロートを第一世代とするロシア・マルクス主義者は、「『祖国雑報』編集部への手紙」や「ザスーリチへの手紙」や『共産党宣言』ロシア語版序文ではなく、『資本論』や『共産党宣言』の本文に依拠して理論を構築し、ロシア社会を分析しました。彼らが活動を開始した一八八〇年代初めにはすでにロシアでは資本主義が発達しはじめており、新しい革命運動の担い手たるロシア労働者階級も成長しつつありました。ところが、晩年のマルクスは最後までロシア労働者階級の存在を無視し続けました。マルクスが最初にロシアについて具体的に研究したのは、ダニエリソンから送られてきたフレロフスキーという人の『ロシアにおける労働者階級の状態』という本だったのですが、その後はロシア労働者階級についての議論がマルクスの文書にはまったく見られないのです。

それはさておき、ロシアの資本主義がしだいに発展して、労働者がどんどん増えていく中で、ヨーロッパ革命がやってくるまで農村共同体を後生大事に守り続けるのが正しいのか、それとも、すでに解体しつつある農村共同体から輩出されてくる労働者階級に根本的に依拠して新しい革命運動を遂行するべきなのか、という一大対立点がロシアの革命派の中で生じます。この論点をめぐって、一八八〇年代初頭にナロードニキとロシア・マルクス主義とが分裂するのです。

一八八三年に成立したロシア・マルクス主義の最初の組織である「労働解放団」は当初は圧倒的に少数派で、最初はエンゲルスからも軽んじられていましたが（マルクスはすでに亡くなっている）、やがて彼らはロシアの革命運動の中でヘゲモニーを獲得していきます。ロシア・マルクス主義のこのような力強い発展の一方で、ナロードニキのほうは一時的にツァーリ暗殺によって高い名声を勝ち取りましたが、その後、警察の大弾圧を食らってほぼ壊滅状態に陥りました。エンゲルスも、しだいにナロードニキびいきの姿勢を改めていき、最晩年においては基本的にプレハーノフらの立場を支持するようになります(2)。

プレハーノフからレーニンへ

さて、ロシア・マルクス主義者たちは、資本主義の悪影響から農村共同体を守るという後向きの姿勢ではなく、共同体の解体で発生していく労働者階級に革命運動の未来を賭けるという能動的で前向きの立場をとります。けれども、ロシア労働者階級はやはり圧倒的な少数です。当時の産業労働者はせいぜい一〇〇万人程度であり(ただし一九〇五年革命時点では四〇〇〜五〇〇万人ぐらいに急増しています)、ロシアの人口からすると一%程度です。

したがって、いくら労働者階級に賭けるといっても、一%の労働者だけで革命を実行するというのはちょっと非現実的です。同盟者が必要になります。プレハーノフは、それはブルジョアジーだと考えました。史的唯物論の立場からすると、当面する革命はブルジョア民主主義革命なのだから、それが成功したなら、当然、支配権を握るのはブルジョアジーであるということになります。そしてこのブルジョアジーの支配下で資本主義が全面的に発展して、そのもとで量的にも質的にも成長した労働者階級がブルジョアジーの支配を覆すのだと。この構図は史的唯物論の公式にのっとっていますから、プレハーノフは主たる同盟者はブルジョアジーであるとみなしました。

農民も同盟者として考えていましたが、主たる同盟者はやはりブルジョアジーでした。

そこがレーニンとの決定的な違いです。レーニンもプレハーノフの弟子ですから、一般的には、ブルジョア民主主義革命の主要な担い手としては、労働者階級、農民、（小）ブルジョアジーという三者を想定していました。この三者の中で、プレハーノフは労働者階級とブルジョアジーとの組み合わせを中心に置いたのに対して、レーニンは労働者と農民との組み合わせを中心に据えました。このような階級的組み合わせの相違こそが、後に、ボリシェヴィキとメンシェヴィキとの根本的な対立点に結びつき、最終的に、前者を権力に、後者を反革命に位置づける結果になります。トロツキーもこの点ではレーニンと意見が同じでした。

しかし、この時点ではまだ革命は実際に起こっていなかったので、この対立はあくまでも潜在的なものにとどまっていました。それ以前に、組織論をめぐってボリシェヴィキとメンシェヴィキとは分裂していましたが、革命の展望をめぐっての対立ではありませんでした。しかし、革命党派にとって決定的なのは後者の方の対立のはずであり、これは実際に革命情勢になって初めて顕在化するのです。

一九〇五年革命と永続革命論の成立

そして、ついに一九〇五年革命が起きます。一月九日の「血の日曜日」事件をきっかけに、ロシアは革命的騒乱の渦の中に巻き込まれます。この革命は最初から都市労働者が主導権を握る形で展開され、闘争の主たる方法はゼネストでした。これまでどれだけテロリストが暗殺を繰り返しても、またブルジョアジーがあれこれ働きかけてもびくともしなかった帝政が、ペテルブルグやモスクワの労働者がゼネストを打つと、たちまち危機に瀕し、一〇月にはついに国会開設の詔書を出したのです。

このように帝政を根底から揺るがした一九〇五年革命の中から、さまざまな革命論が発展してきます。その中で、ロシア労働者階級のエネルギーを徹底的に汲みつくす理論を提示したのがトロツキーの永続革命論です。

トロツキーは、ロシアの労働者階級は人口的に少数だが、都市に集中し大工場に集中していることで、その数とは不釣り合いな政治的力を持っていると指摘しています。しかも、ロシアの労働者階級は、伝統的な改良主義の下で成長したのではなく、最初は革命的ナロードニキ、その後はマルクス主義の影響下で組織化されています。これはヨーロッパの労働者にはない決定的な利点です。さらにロシアのブルジョアジーは、ツァーリ帝政の庇護下で成長したがゆえに、フランスやドイツのブルジョアジーと比べてもはるかに臆病で、ツァーリに対して従属的です。したがって、ロシア革命の勝利は、農民に支持された労働者階級を中心とする社会民主主義政権によってしか可能にならないとみなしました。レーニンも先に示したように、革命の主たる勢力はブルジョアジーではなく労働者と農民だとみなしていましたが、レーニンはブルジョア民主主義革命という枠組みをまだ絶対化していたので、労働者と農民は革命で権力を取るけれども、ブルジョア民主主義革命の枠は突破されないだろう、それは「民主主義独裁」にとどまるだろうとみなしました。

トロツキーの永続革命論はこのような限界をも突破しました。トロツキーは、むしろ逆であって、ロシアにおいて民主主義革命を実現するためには資本主義の枠を突破せざるをえないのだと言います。なぜなら、ロシアにおいてブルジョアジーは帝政および半封建的な社会構造と密接に結びついて富を蓄積してきたのであり、それと持ちつ持たれつの関係にあるからです。したがって、ブルジョアジーは民主主義革命を徹底することに最初から反対であり、そのような革命によって成立した政府をけっして容認することができません。それゆえ、ロシアの労働者階級は民主主義革命を完遂するためだけであっても、反革命ブルジョアジーを収奪して資本主義の枠を突破せざるをえないというのがトロツキーの展望でした。

結局、一九〇五年革命は敗北し、一時的に急進化したメンシェヴィキは元の鞘に戻っていきますが、トロツキーとレーニンはそれぞれ自分の立場を守ります。それから一二年後の一九一七年についに帝政ロシアが崩壊するという第二次革命が発生します。

3、ロシア十月革命の勝利とその後の困難

二月から十月へ

一九一七年二月、国際女性デーに女性たちがパンと平和を求めて、街頭に繰り出して、二月革命が起きます。数百年続いた帝政がわずか五日間で崩壊するという実に劇的な展開でした。その後、ソヴィエトがロシア全土で次々とつくられ、全ロシア・ソヴィエト執行委員会という全国組織までが結成されます。一九〇五年革命の時にすでにソヴィエトがつくられた歴史的経験があっ

たので、このように革命直後にあちこちでまたたくまにソヴィエトが結成されたのです。

一九〇五年革命は一般に一九一七年革命の総稽古だったと言われますが、まさにそうで、一九一七年の二月革命は一九〇五年革命の中途で終わった地点から始まりました。二月革命から十月革命へと、あれほど短期間で革命が急展開したのも、一九〇五年革命があったからです。ロシア革命は、一九〇五年から一九一七年までを一つの流れとして見た方がいい。大きな革命はその開始からその頂点にいたるまで何年もかかるのが普通です。イギリスのピューリタン革命は七年かかっていますし、アメリカ独立戦争も八年かかっています。フランス大革命も四～五年かかっています。ですから、一九〇五年から一九一七年までを一連の革命と見てもそれほどおかしくはないでしょう。

さて、ロシアの二月革命から十月革命までの過程はおおむね一九〇五～〇六年にトロツキーが予想したとおりに展開しました。レーニンも、二月革命前は労農民主独裁論だったのですが、二月革命の報に接すると、トロツキーの立場に急接近します。結局、ボリシェヴィキはトロツキーの路線を採用し、トロツキーもボリシェヴィキに入党して、レーニンと並ぶ最高指導者の地位に就きます。

ですから十月革命は、マルクス主義者が指導した最初の革命というだけではなく、革命が起きる一〇年以上も前から、このように革命が起こるとおおむね予想されていた史上初めての革命でもあります。それまでも多くの革命が起きましたが、革命の担い手は自分たちがまさかこんなことをするとは思わないような役回りをするのが常です。主役を担った人たち自身が台本もなく、ぶっつけ本番で、いつの間にか急進化していく。いつの間に権力を取って、国王をギロチンに送っている。そういう形で革命は進展します。

それに対して一九一七年のロシア革命は事前にかなり正確に予測されていて、しかも革命の当事者自身によって予測されていた革命です。もちろん細部まで一致していたわけではありませんが、基本線は正確に予言されていました。しかし、革命はやはり魔物です。十月革命まではおおむねトロツキーの予想通りに進みましたが、その後はそうではありませんでした。最も重大だった計算違いは、ロシア革命に続いてほぼ間違いなくヨーロッパ社会主義革命が起こるはずだったのが、そうはならなかったことです。

第一次世界大戦という世界史上最初の世界戦争の真っ只中で、ヨーロッパ反動の支柱であるツァーリズムが崩壊し、さらにそのわずか八ヵ月後にはロシアで社会主義革命まで起きました。マルクスもエンゲルスも、ロシアでブルジョア民主主義革命が起こるだけでもすでにヨーロッパ革命を引き起こすのに十分であると考えていたのですから、それをはるかに上回るインパクトのはずです。さらに、ヨーロッパ自身が世界大戦で一〇〇〇万人以上もの死者を出し、労働者も一般市民もその生活が根底から破壊され、社会と経済は未曾有の混乱に陥っていました。言ってみれば、歴史上、これ以上革命にとって有利な状況は想像できないというぐらいの状況です。しかし、それでもヨーロッパ革命は起こりませんでした。

ドイツ革命の挫折と労働者国家の孤立

いや正確に言えば、ある水準では起きました。ドイツでもオーストリア＝ハンガリーでも帝政が崩壊し、ロシアのロマノフ王朝の崩壊と並んで、ヨーロッパの反動を支えていた主要な王朝がことごとく崩壊したからです。しかし、ロシア以外はいずれも途中で挫折し、社会主義革命にはなりませんでした。

とくに決定的だったのは、ドイツ革命の挫折です。ドイツ帝国は大陸ヨーロッパにおける資本主義的帝国主義の政治的・経済的支柱であり、同国における社会民主党は世界最大かつ最強だったからです。しかし、ドイツ社会民主党は、一九一四年における戦時公債への賛成投票という裏切りに続いて、一九一九年にはドイツ共産党（スパルタクス団）を徹底弾圧して、指導者であるカール・リープクネヒトとローザ・ルクセンブルクを虐殺するという手段に出ました。革命を遂行するどころか、革命の指導者を虐殺して、革命を武力で鎮圧したのです。ロシアで言えば、メンシェヴィキがレーニンとトロツキーを虐殺して、十月蜂起を鎮圧したようなものです。こうしてドイツ革命は裏切られ、挫折を余儀なくされます。その後の歴史の混迷をもたらす転換点だったと言えます。ロシア革命が血を吐く思いで待ち望んでいたドイツ革命は粉砕され、ロシア労働者国家は帝国主義という狼の群れの中でただ一国取り残され、これまでの三年に及ぶ帝国主義戦争にさんざん破壊された後に、さらに三年に及ぶ帝国主義列強による干渉戦争と白衛派将軍による過酷な内戦を強いられました。

レーニンもトロツキーもヨーロッパ革命が助けてくれなければ、ロシア一国では革命を維持することはできない、遅かれ早かれ必ず崩壊するという趣旨のことを繰り返し語っていました。ところが、奇跡的なことにロシア労働者国家は崩壊しませんでした。これも合理的な予測の範囲を超えた事態だったと言えます。

ちょうどヨーロッパ革命があれほど有利な状況にあったのに成功しなかったのと逆に、ロシア革命はこれほど不利な状況の中で生き残りました。どちらも歴史の奇跡と言えます。そしてこの二つの奇跡が結合することで、その後のソヴィエト労働者国家はきわめて特異な運命をたどることになります。

革命はぎりぎり生き残りましたが、ソヴィエト革命を成し遂げ労働者政権を支えた先進的な都市労働者階級はほとんど壊滅します。その数は三分の一くらいになりました。多くは内戦と飢餓で死に、生き残った人々も都市では生きていけないので農村に帰り、そして残りは官僚機構に吸収されました。しかし、長期の内戦によって官僚機構は肥大化して生き残りました。この官僚機構が労働者階級を代行し、労働者階級の名において統治を続けました。このような社会的基盤に基づいて、最終的にはスターリニズムと呼ばれる体制が構築されたのです。

こうして、ドイツ社会民主党によるドイツ革命の裏切りによって、ロシア革命からヨーロッパ革命へと波及する歴史の上昇過程が暴力的に阻止されたわけです。その結果が、ロシアではスターリニズムであり、本国ドイツにおいてはナチズムであったと思います。もちろん、ナチズム発生の要因はいろんなものがあり、単純にドイツ革命の裏切りに還元できないのですが、、一つの重要な要因として考える必要があります。それは、いわばヨーロッパ革命を裏切ったことに対する歴史の復讐だったのです。

4、ロシア革命の基本的性格

以上、マルクス・エンゲルスのロシア革命論から始まって、ロシア・マルクス主義の成立を経て、ロシア革命の成功とその後の苦難、そして最終的にスターリニズムへと至った過程について非常に大雑把に説明しました。では次に、ロシア革命と何だったのか、その歴史的意義を世界史的な文脈で捉え返したいと思います。

永続革命としてのロシア革命

まず最初に指摘しておかなければならないのは、ロシア革命とは一九一七年のあの年だけで捉えられるものではなく、上昇と下降を伴った長期にわたる永続革命だったということです。さらにまた、ロシア革命はロシア一国の革命として捉えるべきではなく、その広がりにおいても影響力の点でも一個の世界革命だったということです。

まず前者について見ていきます。ロシア革命が永続革命であったというのは、もちろん、すでに述べたように、二月革命から十月革命に至る過程がブルジョア民主主義革命からプロレタリア社会主義革命への永続革命の過程だったからです。ただしこれは、二月革命がブルジョア民主主義革命で十月革命がプロレタリア社会主義革命だったという単純な意味ではありません。そうではなく、二月革命はブルジョア民主主義革命の一部を達成したが、農民革命に関しては達成しておらず、それは十月革命によって初めて達成されたので、十月革命自体が複合的な革命でした。いずれにせよ、二月から十月への過程はまぎれもなく永続革命の過程でした。

けれども、もう少し大きく考えると、先に少し述べたようにロシア革命は一九〇五年革命から始まっていると言えますし、その終点もけっして十月革命ではありません。十月革命はボリシェヴィキが権力を取っただけで、社会主義的政策はまだほとんど実施されていなかったからです。当時のボリシェヴィキのスローガンは「生産の労働者管理」であり、生産手段の社会的所有ではありませんでした。本格的に社会主義的政策が導入されるのは一九一八年以降であり、その後、戦時共産主義というかなり極端な政策がとられた後、一九二一年にはいわゆるNEP（新経済政策）が導入されて、ある程度安定的な経済運営ができるようになります。そして、一九二九年以降にはスターリンによる「上からの革命」が発動され、農業の強制集団化と超工業化が暴力的に遂行されます。

以上の全体の過程が、かなりのゆがみや行き過ぎやジグザグを伴いつつも、ある種の長期的な永続革命の過程としてとらえることができるでしょう。このように、一九一七年という短期的な意味でも、一九〇五年から始まって一九三〇年代にいたるまでの長期的な意味でも、ロシア革命は永続革命であったと言うことができます。

世界革命としてのロシア革命

第二に、ロシア革命は一個の世界革命だったという側面について。これも二重の意味においてそうです。まずもって、ロシアという国自体が一個の世界のようなものでした。今日では各部分に分裂して、いくつもの国に分かれていますが、当時においてはロシアは巨大な帝国であり、その中に何十という国や民族が包含されていて、西ヨーロッパの東端から中央アジアや東アジアにまで広がっていました。ですから、ロシア革命はそれ自体が一個の世界革命のような意味を持っていました。

そしてもちろんそれだけでなく、ロシア革命の直後にヨーロッパ各地で革命を引き起こしたという意味でも世界革命です。しかし、その世界革命的意味は何よりも、その後何十年ものあいだ世界中に影響を与えて続け、世界中で革命を引き起こしていく震源地になったという意味で、ロシア革命を一個の世界革命としてとらえることができるでしょう。

このようにロシア革命は短期的な意味でも長期的な意味でも永続革命であり、また同じくロシア帝国という狭い地理的範囲においても、また長期的に世界中に革命的インパクトを与え続けたというより広い地理的範囲においても世界革命でした。したがって、ロシア革命というのは、世界史における一個の時代を画す革命であったと言うことができ、その意味でロシア革命は、ヘーゲルが『歴史哲学講義』で用いた「世界史的個人」という用語にちなんで表現すれば、「世界史的革命」であったと言うことができます。

実を言うと、このように一個の時代を画するような革命は以前にもありました。それが一八世紀末に起こったフランス大革命です。フランス革命も世界史的インパクトを持ち、時代を画する広がりと影響力を持った革命でした。

またフランス革命も、最初の時点で立憲君主制を目指す革命から、最終的には国王をギロチンにかける急進的な共和政にたどり着いたという意味で永続性を持っていましたし、ナポレオン戦争を通じて、ヨーロッパ中に広がっていったという意味で、一個の世界革命でした。ナポレオン戦争敗北後も、フランス革命は人々の模範となり、絶えず民衆の革命精神と革命的行動を鼓舞する源泉でもありました。トロツキーがかつて言ったように、フランス革命という洗礼盤から近代文明が生まれてきたのです。

5、世界革命の二つの波

以上のような意味でロシア革命もフランス革命も、それぞれ一九世紀と二〇世紀という時代を支配し、その時代の基本的特徴を作り上げた「世界史的革命」だったと言えるでしょう。ちなみに、オーストリア社会民主党のヴィクトル・アドラーは二〇世紀初頭に「一九世紀はフランス革命が導入したが、二〇世紀はロシア革命が導入するだろう」と予言しましたが、おおむねその予言通りになったと言えます。

第一の波とブルジョア革命の時代(1)――フランス大革命から一八四八年革命へ

しかし、それぞれの「世界史的革命」が作り出した「時代」の性格は大きく異なったものでした。フランス革命が切り開いた一九世紀はブルジョア革命の時代であり、ロシア革命が切り開いた二〇世紀は永続革命の時代でした。二〇世紀に勝利にいたった革命の多くは周辺国を舞台としており、大なり小なり、農民解放や民族の独立といったブルジョア民主主義的な課題を持った革命から出発して、遅かれ早かれ社会主義革命へと連続していくという共通した特徴を持っています。そういう意味で二〇世紀は「永続革命の時代」であると言えます。

さて、ここでこの二つの時代をいくつかの山を持ったそれぞれ二つの曲線として描き出してみましょう。(次頁図)

ブルジョア革命の曲線は、遠くは一七世紀のイギリス・ピューリタン革命に始まり、一九世紀末に終わります。永続革命の曲線は、一八四八年革命が敗北して、ブルジョアジーを主体としない革命が(マルクスやエンゲルスによって)構想され始めたころから始まって、二〇世紀末に終わります。時間的長さから言えばブルジョア革命の曲線の方が長いですが、規模からすれば永続革命の曲線の方が大きく、その山の方もより高いと考えることができます。

ブルジョア革命の第一の頂点は言うまでもなく一七九三年から始まるフランス大革命です。その少し前に起こったのがアメリカ独立革命ですが、これとセットで第一の頂点と考えてもいいかもしれません。ブルジョア革命の第二の頂点は一八四八～四九年のヨーロッパ革命です。この時点ですでに、ブルジョア革命の勢いは衰えており、山の高さも少し低くなっていますが、それでも第二の頂点を形成しています。その少し後で起きたアメリカの南北戦争もこの第二の頂点に含めることができるかもしれません。

この二つの頂点間の違いは、革命の徹底度と階級主体の能動性の違いにあります。フランス大革命の時にはフランスの都市小ブルジョアジーを中心とするブルジョア革命勢力は自国においてブルジョア革命を徹底して遂行し、ブルボン王朝を徹底的に破壊して、ルイ一六世をギロチンに送り、急進的改革を矢継ぎ早に実行しました。その後、ジャコバン独裁は打ち倒されますが、今度はナポレオン戦争を通じてブルジョア革命はヨーロッパ中に拡張されていきました。ナポレオンの没落と一八一五年のウィーン体制の確立まで、フランス革命は永続したと言えるかもしれません。

それに対して第二の頂点である一八四八年革命においてはすでに、ブルジョアジーも都市小ブルジョアジーも革命を徹底して遂行する能力を持っておらず、そうする意欲も持ちあわせていませんでした。同時代のマルクスとエンゲルスは一八四八年革命を論じる中で、ドイツやオーストリ

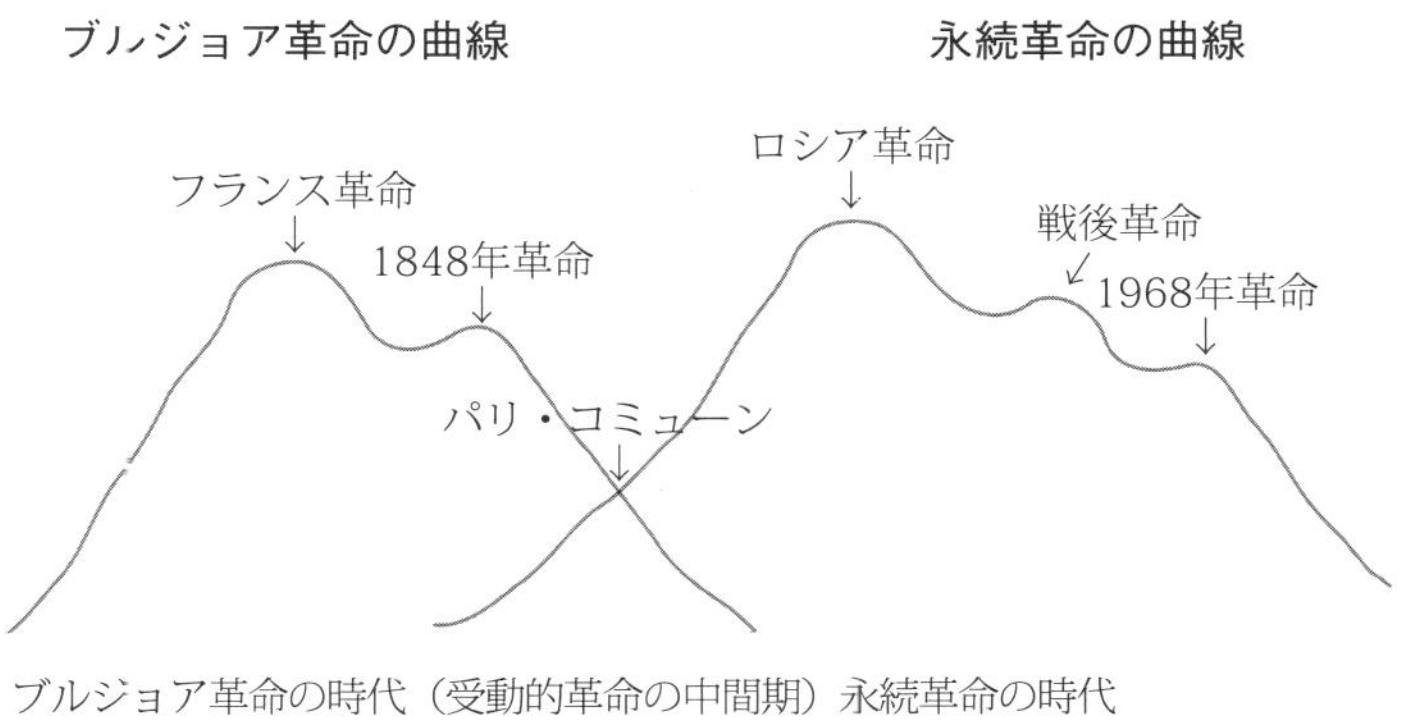

アなどのブルジョアジーはすでにかつてのフランス・ブルジョアジーのような革命的能力を欠いており、すみやかに旧体制と妥協し、革命を麻痺させたと批判しています。結局、一八四八〜四九年の革命はすべて敗北に終わっています。

一八四八年革命はブルジョアジーがすでに革命の能動的主体である時代が終わりに近づいていることを示しましたが、他方ではそれに代わる新しい革命勢力はまだ登場しはじめたところでした。当時の労働者はごく少数で分散しており、ドイツの労働者も手工業労働者、職人労働者がほとんどでした。絶対主義的君主制の打倒や統一した国民国家の形成といったブルジョア民主主義革命の課題はまだ残っているのに、ブルジョアジーはもはや階級的主体としての能力を失っており、それに代わる新たな勢力もまだ十分に成長していない、そうした状況の中で起きたのが、いっさいが中途半端に終わった一八四八年革命でした。これがすでに下降線にあるブルジョア革命の曲線の第二の頂点です。

第一の波とブルジョア革命の時代(2)——「上からの革命」と受動的革命の時代

ブルジョア民主主義革命の諸課題が残っているのに、それを下から徹底的に遂行するだけの能力を持った階級が存在していないというこの時期、すなわち、「ブルジョア革命の曲線」はすでに完全な下降線をたどっているが、新しい「永続革命の曲線」はまだ始まったばかりのこの中間期ないし移行期に起きたのが、旧体制に属する開明的政治家ないし開明的君主による強権政治を通じた「上からの改革」です。ドイツではプロイセンのビスマルク体制がそれであり、プロイセンのヘゲモニーの下にドイツ統一が実現されました。フランスではボナパルトの体制がそれであり、革命勢力を押さえつけつつ、皇帝制のもとで安定した資本蓄積を可能とする統合国家が構築されました。イタリアでは、サルデーニャ王国のカヴールの体制がそれです。カヴールはサルデーニャ王国のヘゲモニーのもとにイタリア統一を上から成し遂げました。

ブルジョアジーや労働者・農民が下からの闘いを通じてブルジョア革命を遂行するのではなく、旧体制の優れた政治家や君主が主導権を握って、上からの改革を実行し、国民国家の統一や上からの産業化、国内市場の整備などを実行していくというパターンです。この改革をエンゲルスは「上からの革命」と呼び、グラムシは後に「受動的革命」と呼びました。

君主制の枠の中で、こうしたもろもろのブルジョア的制度改革が旧体制の指導層によって上から達成されたわけですから、ブルジョアジーにとってはもはや下から革命を起こす必要がなくなりますし、そもそもこのような君主制度を転覆する必要もなくなるわけです。なぜならこの体制こそがまさにブルジョアジーの歴史的使命を代行してくれているのですから。こうして、この「受動的革命」という中間期によってブルジョア革命の時代は完全に終焉を向かえ、ブルジョアジーは革命的な役割をまったく果たさなくなるどころか、むしろ旧体制の積極的な護持者となります。

このことはとくに周辺国にあてはまります。この中間期の後半から本格的な帝国主義の時代が到来しますが、帝国主義諸国は周辺国に対してブルジョア民主主義的な制度を輸出したり導入したりするのではなく、腐敗した旧権力を維持したり、あるいはそれ以上に腐敗した傀儡政権を通じて、現地住民を暴力的に搾取していく、そういう体制を構築していきます。現地のブルジョアジーもそうした帝国主義権力と結びついて買弁化して、うまい汁を吸おうとします。こうしてブルジョアジーは国内でも国際的にも、中枢国でも周辺国でも、その進歩的意義を完全に失うのです。

永続革命の時代(1)――パリ・コミューンからロシア革命へ

ヨーロッパやアメリカなどの資本主義的中枢国ではかつての「下からの革命」とその後の「上からの革命」の合成によって、それなりにブルジョア民主主義的課題が達成されるという状況にありましたが、周辺国ではまだブルジョア民主主義的な課題がほとんど達成されてないにもかかわらず、すでにブルジョアジーが反動化しており、しかもしばしば中枢国のブルジョアジーや帝国主義権力と結託しているという状況にあります。では、こういう場合に誰が、あるいはどの階級がこの課題を実現するのか、これが決定的な問題になります。そこで新たな階級主体として登場するのが、労働者と農民の連合なのです。周辺国においては資本主義の発展は不十分でしたが、それにもかかわらず、遅れて資本主義世界に参入したことによって、国家のバックアップに基づいて最新の工場や技術が上から大規模に導入されるという形で産業化が起こります。後にトロツキーが「歴史的後発性の優位」と呼ぶ現象です。

そうした諸国では、労働者階級の数は相対的に少ないが、古い資本主義諸国と違って、分散的な手工業形態から徐々に形成されるのではなく、いきなり都市部の大規模工場に集中されて、温室的に形成されます。彼らは、低賃金と長時間労働に拘束され、最初からマルクス主義の知的恩恵を受け、社会主義者によって組織化されます。そして農民は、古い半封建的抑圧の存続と急速な産業化による激変という二重の苦難のもとにあるために、安定した秩序の基盤とならずに、絶えざる革命的騒乱の基盤となります。そして、ほんの昨日まで農民であった労働者と農民階級とのあいだには強い絆がいまだ残っています。こうして、周辺国においては、ブルジョアジーが放棄したブルジョア民主主義的課題を労働者階級と農民とが同盟して遂行する必要性とその必然性とが生じるのです。

このような階級的組み合わせのもとで、社会主義政党の指導下で起こるブルジョア民主主義革命は、社会主義革命へと連続する（より正確には絡みあう）強い傾向を帯びることになります。こうして、時代は、資本主義的中枢国を主要な舞台とした「ブルジョア革命の時代」から、周辺資本主義国を主要な舞台とする「永続革命の時代」へと大きく転換するのです。

その最初の萌芽が一八七一年のパリ・コミューンでした。これはすっかり下降しつつあった「ブルジョア革命の曲線」と上昇し始めていた「永続革命の曲線」との交点で発生した事件です。すでにこのとき、ボナパルト帝政の崩壊と共和制の実現は、パリという一都市だけですがプロレタリア権力の成立へと結びつきました。しかし、まだ労働者階級が脆弱だったので、それはすぐに崩壊しました。

けれども、「永続革命の曲線」はその後も上昇を続け、ついに一九一七年のロシア革命において第一の頂点に至ります。これは直後にヨーロッパに波及しましたが、すでに述べたように、ヨーロッパの残存君主制を崩壊させたにとどまり、社会主義革命へと連続することはありませんでした。「ブルジョア革命の時代」にすでに、一定水準のブルジョア革命（下からと上からの）を実現していたことが、それら中枢国での変革のエネルギーを弱めていたからです。しかし、西の隣接地域では失敗に終わりましたが、ロシア革命から一〇年後の一九二七年には、東の隣接国である中国において、はるかに大規模な永続革命的状況が発生します。中国では二〇世紀になってからロシア以上に都市部における集中した資本主義的工業化がなされ、労働者は最初から共産党に組織されていました。こうして第二次中国革命が起きたのです。

残念ながら、スターリンの支配下にあったコミンテルンが中国における永続革命の路線を拒否して、中国共産党を国民党というブルジョア政党に無理やり従属させたため、すなわちすでにロシアでその破産が明らかとなったメンシェヴィキの路線をいっそう俗悪にした形で実行したため、蒋介石によって粉砕されました。そのさらに一〇年後に起きたスペイン革命でも同じ過ちが繰り返され、革命は数年間の内戦の末に敗北し、フランコ独裁に道を譲りました。

永続革命の時代(2)――戦後革命から一九六八年革命へ

そのような紆余曲折はありましたが、「永続革命の時代」のエネルギーはまだ失なわれてはおらず、第二次世界大戦後に第二の頂点が訪れます。これが一連の戦後革命であり、その最大の頂点をなすのが中国革命（第三次中国革命）の勝利です。その他にも、ユーゴスラヴィア、朝鮮半島、ベトナムなどで革命が起こります。東ヨーロッパでは赤軍の進駐によって労働者国家が上から建設されますが、これは、ブルジョア革命の時代にナポレオン戦争によって行なわれた周辺地域への「外からのブルジョア民主主義革命」と類似した、周辺地域への「外からの社会主義革命」です。

この「永続革命の曲線」の最後の頂点を飾るのが、一九六八年革命です。一〇〇〇万人もの労働者が決起したフランスの五月革命を中心に、欧米先進国を含む世界中の資本主義諸国で労働者や学生や農民が大規模に決起しました。この運動の中心を担ったのは、やはりロシア革命や中国革命に鼓舞された人々であり、その多くは何らかの意味でのマルクス主義者（レーニン主義者や毛沢東主義者やゲバラ主義者）であり、これは明らかにロシア革命が生み出した世界的衝撃が、ぐるっと一周してついに最も発達した先進諸国にまで達した瞬間でした。

しかし、先進資本主義国の強力な支配体制はこの最後のインパクトをも生きのび、結局、六八年革命は勝利するにいたりませんでした。この最後の頂点が敗北したことによって、ロシア革命が解き放った永続革命のエネルギーは最終的に衰退していきます。その後、一九七九年のニカラグア・サンディニスタ革命がかろうじて永続革命的軌跡を描きましたが、それが事実上最後の永続革命となりました。レーニンやトロツキーは、ヨーロッパ革命によって補完されなければロシア革命はいずれ崩壊すると予測しましたが、ロシア革命の、先進国への最後のインパクトである六八年革命が敗北したことで、この予測はついに一九八九～九一年のソ連・東欧の崩壊として現実化したのです。

もちろん、中国では共産党支配が残っていますが、同国は実質的に資本主義化しているので、労働者国家とはとうてい言えません。したがって、ソ連東欧の崩壊と中国の資本主義化が「永続革命の時代」を終焉させたと言えるでしょう。

6、ロシア革命の歴史的「意味」と現代

このように、フランス大革命を頂点とする「ブルジョア革命の時代」とロシア大革命を頂点とする「永続革命の時代」という二つの時代を対比することで、ロシア革命の世界史的位置づけが見えてきます。では、「永続革命の時代」の最初の頂点たるロシア革命は何を実現したのでしょうか。

ロシア革命の世界史位置づけ

ブルジョア革命の役割は古い封建体制を打倒して近代社会を作り出すことです。しかし、それが革命的手法で実現されたのは西方ヨーロッパだけです（アメリカは古い封建体制のもとで革命を起こしたわけではない）。しかし、そのヨーロッパでも多くは中途半端にとどまったし、ヨーロッパ外部の周辺国では、何百年も続いた封建的ないし半封建的体制を打倒して近代社会を作り出すというブルジョア革命の歴史的使命は、結局、「永続革命の時代」に引き継がれました。そして、その実現主体は、保守化ないし反動化したブルジョアジーから、新たに勃興した若い階級である労働者階級とその同盟者である農民階級に移行しました。

しかし、農民と同盟した労働者階級が封建体制を覆して近代社会を実現するということは、（社会主義政党による正しい指導が存在するかぎりでですが）その変革事業はブルジョア革命段階では終

わらずに労働者階級の支配、社会主義的変革に接続せざるをえない、つまり、永続革命にならざるをえない。その意味でブルジョア民主主義的課題、近代社会の創出という歴史的課題は、「永続革命の時代」において初めて、すなわち、周辺国においては社会主義革命にまで行くことを通じて初めて実現されたのです。つまり、フランス革命はヨーロッパに近代社会をつくり出すのに決定的な貢献したのに対して、ロシア革命は周辺国を含む世界中に近代社会を作りだすのに決定的な貢献をしたと言えます。これがまずはロシア革命の第一の世界史的「意味」です。

しかし、ロシア革命は単に一九世紀レベルの近代社会を実現したのではありません。フランス革命は自由、形式的平等、ブルジョア民主主義を普及しましたが、ロシア革命は勤労者の権利、社会的平等、民族自決権を伴った「近代」(現代)を普及しました。

一口に「近代社会」と言っても、実は一九世紀的な近代社会は現在から見ると、まったく不自由で、恐ろしく不平等で、貧富の格差も権利の格差もきわめて大きな社会でした。それゆえ、一九世紀前半には、封建社会の方がまだ人々は安定した生活を営むことができ、より自由で幸福であったと考える知識人が大勢いたぐらいです。したがって、今日のわれわれが「近代」という言葉をかなり進歩的なイメージでとらえることができるのは、その後の、マルクス主義者を含む社会主義者の闘争、そして何よりも一九一七年のロシア革命によって中長期的にもたらされた社会的変容(「革命」という明瞭な形をとらなかった場合も含めて)のおかげであったと言えます。というのも、ヨーロッパ資本主義国も、ロシア労働者国家との対抗上、勤労者の権利を守ったり、男女平等や民族自決権などに配慮せざるをえない状況に追い込まれたからです。

この意味で、ロシア革命は、勤労者の権利や女性の権利や少数民族の権利を重視する近代社会、すなわち「社会的平等を重視する現代社会」を世界的規模でつくり出す上で決定的な貢献をしたのであり、これがその第二の世界史的「意味」です。

マルクス主義者をはじめとする社会主義者の闘争やロシア革命の勝利がなかったとしたら、近代社会＝資本主義社会はもっともっと野蛮なままだったでしょう。古典的帝国主義とさまざまな変種のファシズムがその典型的な形態です。

このことを逆から証明したのが、「永続革命の時代」の終焉とともに現代社会が大きく変容し、一九世紀的なものへとますます接近しつつあることです。労働者の権利保護から新自由主義へ、社会福祉と社会的平等から自立自助とレイシズムへ、少数民族の尊重から排外主義へ、互助的な貿易から帝国主義的グローバリズムへ。そして、こうした動きに対抗する側も、近代的な人権的規範と労働者農民の階級的利益に依拠したマルクス主義組織から、人権的規範を一顧だにしない宗教原理主義と極右排外主義へと移行しつつあります。

「永続革命の時代」からどこへ？

最後に、今日の時代を「永続革命の時代」の終焉と位置づけるのならば、次は何の時代であると考えるべきでしょうか？　正直に申し上げると、私は預言者でないので明確なことを言うことはできません。

言えるのは、今はまだ過渡期であるということです。これまでの到達点が至る所で攻撃され破壊されている中で、そうした権利や獲得物を守ろうとする人々の運動と闘いは絶えることなく存在し、各地で発展しています。このような攻防はまだ今後も続くであろうし、その帰趨はまだ明らかになっていません。獲得物はまだ完全に破壊されていないし、かといってそれを防衛する側はその水準を超えて新たな社会を展望できているわけでもない。そうした不安定で不明確な時代が現時点なのだと思います。

その一方で、二つの時代を経た現代資本主義は末期症状を呈しつつあります。「永続革命の時代」における世界資本主義はまだ進歩的で、戦後の高度経済成長に見られるように、富の生産に力を発揮してきました。しかし、今日の資本主義がやっていることは、マネーゲームであり、資源の略奪であり、勤労者の権利と賃金を切り下げることです。こうした中で、人類と地球はますます危機に陥っています。地球温暖化の例を出すまでもなく、地球環境は末期症状の資本主義の下で深刻な危機を向かえています。しかし、その一方で、ソ連・東欧の崩壊によって、社会主義はもはや現実的なオルタナティブとはみなされていません。このような矛盾した状況が現代です。

では、こうした危機的状況に対抗して新しい時代を切り開く主体は何でしょうか？　これまでの話から明らかなように、「ブルジョア革命の時代」と「永続革命の時代」を分ける一つの重要な基準は、変革の主要な担い手、その階級的主体の違いでした。では、「ポスト永続革命の時代」（とりあえずそう呼んでおきましょう）における変革の主要な担い手は誰なのか。ここでは、ネグリの議論とハーヴェイの議論を紹介して、この問題を考える手がかりにしたいと思います。

ネグリはかつてのブルジョアジーやプロレタリアートという明確な階級主体ではなく、マルチチュード＝多数派というものを変革主体に設定しています。現代資本主義が生み出す被害者は多方面、多階級にわたっており、また労働者や農民としての階級意識も拡散し、曖昧化しています。そうした状況の中で、多種多様な民衆を「マルチチュード」という言葉で名指すことによって、変革の担い手を言説化しています。これはそれなりに現実に根ざした意見ですが、これだとあまりにも漠然としています。

それに対して、ハーヴェイは、もう少し対象を切り分けて、二大変革主体論を唱えています。以前の講座でも話しましたが（『ラディカルに学ぶ「資本論」』所収）、ハーヴェイは資本主義は二つの主な蓄積様式にもとづいていると言っています。一つは、『資本論』で主要に論じられている蓄積様式、すなわち「拡大再生産による蓄積」です。もう一つは、形式的な交換関係をも蹂躙して富を暴力的に蓄積していく「略奪による蓄積」です。

この二つの蓄積様式は資本主義の発生以来常に存在し続けましたが、今日の新自由主義的資本主義においては、前者の「拡大再生産による蓄積」よりも後者の「略奪による蓄積」に重点を置くような蓄積体制に変貌しつつあります。しかし、通常の「拡大再生産による蓄積」もなくなってはいないので、ここにおいては伝統的な労働組合・労働者政党、労働者階級が変革主体として想定しえます。ちなみに、最近、労働者階級はもうだめだから、別の変革主体を求めようという議論がしばしば見られますが、ハーヴェイはそういう単純な議論に陥ってはいません。

さて、もう一つの蓄積様式である「略奪による蓄積」ですが、これによる被害者は実に多種多様であり、この略奪の対象になる人々は第二の変革主体になりうると考えられます。たとえば、第三世界で土地を奪われる農民、地球温暖化のせいで自分の生まれた土地で生きていけなくなった人々、都市の再開発で住み慣れた地域から追い出される旧市街地の住民、金融的略奪の犠牲となる小生産者、住宅ローンで買った住宅を取られる労働者、低賃金で過剰搾取されている第三世界の女性労働者、等々。蓄積様式の二つのタイプに応じた二大変革主体を想定できるというのがハーヴェイの議論です。

われわれは、以上の議論を参考にしつつ、この「ポスト永続革命の時代」において、変革の長期的展望を持つ必要があります。日々、労働者の権利を守ったり、新自由主義やレイシズムや性差別と闘ったり、反原発や地球温暖化の問題に取り組んだり、そうした闘いを遂行しながら、すでに末期状態にある資本主義そのものの克服という展望を堅持する必要があります。当面するさまざまな闘争とこのシステム変革の展望とを有機的に結びつけなければなりません。

（二〇一七年九月一六日）

注

（1）この点については、森田成也「マルクス・エンゲルスにおけるロシア革命論の変遷」、『ニューズレター』第六四・六五合併号（二〇一八年五月一〇日）を参照のこと。

（2）エンゲルスの最晩年におけるロシア革命認識をわれわれに伝えているのは、ザスーリチがプレハーノフに宛てた手紙である。エンゲルスが亡くなる年の新年パーティに招かれたザスーリチは、エンゲルスが自分に語った話を次のように伝えている――「幸い、ドイツにとっては政治的ブルジョア革命が遅れたので、すでに目覚めている労働者階級がこれに参加するだろう。このことは、ドイツ労働者階級がイギリス労働者階級のように純粋に同業組合的闘争に没頭することを妨げ、自分たちの社会的・政治的利益を推進する。ロシアもこうした幸運に直面している。ロシア人の言うところでは、ロシアの労働者階級は読書をする。彼らは目覚め、その結果、政治的解放に意識的に参加するだろう」(『エンゲルスの追憶』国民文庫、一九七頁)。ここには、ドイツと同じくロシアでも政治的なブルジョア革命(民主主義革命)が歴史的に遅れたので、その実現が、(共同体の農民ではなく)労働者階級の任務になるという「複合発展」の展望が語られている。

第5章

『資本論』とロシア革命における経済法則と階級闘争

【解題】本稿は、ロシア革命一〇〇年と『資本論』初版の出版一五〇年を記念した『変革のアソシエ』第三一号（二〇一八年一月）に掲載された論文「『資本論』における経済法則と階級闘争――『資本論』出版一五〇年とロシア革命一〇〇周年に寄せて」に大幅に加筆修正を施したうえで、表題を少し改めたものである。その号は『資本論』出版一五〇年とロシア革命一〇〇周年とを結合させた特集を組んでいて、私のテーマも両者を関連づけて論じるものにした。

また、本論文が『変革のアソシエ』に掲載された際、論文枚数が編集者にとっての予定を大幅に超えてしまったので、すべて注を削除することになった。本書に掲載するにあたってそれらの注を復活させるとともに、さらにいくつか新たな注を追加した。

君は、このまえ当地に滞在していたときに、アイルランドの土地事情に関する一八四四～四五年の青書を見たと思う。たまたま僕はある小さな古本屋でアイルランドの借地農に関する一八六七年の報告と証言（上院）を見つけた。これは本当の掘り出し物だった。経済学者諸君が、地代とは土地の自然的相違に対する支払いであるのか、それとも土地に投じられた資本に対する単なる利子であるのか、ということを純粋な学説的論争として論じているときに、われわれはそこ〔報告と証言〕に、小作人と地主とのあいだの生死を賭けた現実の闘争を見出す。すなわち、どの程度まで地代は、土地の相違に対する支払いの他に、地主によってではなく小作人によって土地に投じられた資本の利子をも含んでいるべきか、ということをめぐる闘争を見出す。相争う諸説の代わりに、相争う諸事実とそれらの隠された背景をなしている現実の〔階級的〕諸対立とを置くことによってのみ、経済学を一つの実証的な科学に転化させることができるのだ。――「マルクスからエンゲルスへの手紙」(一八六八年一〇月一〇日)(1)

周知のように、今年は一八六七年に『資本論』第一巻の初版が出版されて一五〇年の記念すべき年であるとともに、一九一七年にロシア革命が勃発して一〇〇年目の記念の年でもある。この一致はそれ自体としては偶然だが、『資本論』とロシア革命との間には密接な結びつきがある。何といっても、ロシア革命を実行したのはマルクスの『資本論』によって深い影響を受けた人々だったのであり、またロシア革命のインパクトを通じて『資本論』は世界的に普及したのである。そして、『資本論』とロシア革命とは両者あいまって理論的にも実践的にも世界を根本的に変えたのである。

しかしながら、この二つはしばしば相互に対立的にとらえられている。一般に『資本論』はマルクスの諸作品の中でも最も経済決定論的な、あるいは法則主義的な著作、あるいは少なくともその代表と見られているのに対し、一九一七年のロシア革命は、グラムシの「『資本論』に反する革命」という有名な論文の題名に示されるように(2)、『資本論』が明らかにした経済法則ないし歴史法則に真っ向からそむくものとみなされ、当時から、そして現在においても、マルクスの理論(法則)に反して起こった歴史の逸脱とみなされている。

私は以上のような通説的な見方に真っ向から異論を唱える。『資本論』もロシア革命もともに経済法則と階級闘争との弁証法的絡み合いによって構成（一方は理論的に、他方は歴史的に）されているのであって、ただ前者は経済法則を主要な契機とする両者の（理論的な）絡み合いであるのに対して、後者は階級闘争を主要な契機とする両者の（歴史的な）絡み合いであるだけである。

1、『資本論』における経済法則と自然法則

先に述べたように、『資本論』は一般に経済決定論的な著作と見られているが、それはけっして根拠のないものではない。まず『資本論』序文に見られる典型的な文言を振り返っておこう。

資本主義的生産の自然法則から生ずる社会的な敵対関係の発展度の高低が、それ自体として問題になるのではない。この法則そのもの、鉄の必然性をもって作用し自己を貫くこの傾向、これが問題なのである。産業発展のより高い国は発展のより低い国にただその国自身の未来の姿を示しているだけである。（全集版『資本論』第一巻、大月書店、九頁。訳文は既訳どおりではない。以下、『資本論』第一巻からの引用は頁数のみ記載）

この一文は後にロシア革命との関連で何百回も引用され、産業の発展の遅れたロシアにおいて社会主義革命を遂行するべきではない理由としてさんざん用いられてきた。だがこの点については後で論じることにしよう。同じ序文の中で、マルクスはさらにこう述べている。

たとえ一社会がその運動の自然法則を探りだしたとしても――そして近代社会の経済的運動法則を明らかにすることがこの著作の最終目的でもある――、その社会は自然な発展諸段階を飛び越えることも法令で取り除くこともできない。(一〇頁)

マルクスはここでも「自然法則」について語り、「自然な発展諸段階を飛び越えること」はできないという段階論的見地を強く打ち出している。このようにマルクスは序文の中で何度も資本主義的生産の法則を「自然法則」と呼び、それの貫徹の必然性について(「鉄の必然性」についてさえ)述べ、その飛び越え不可能性を強調している。資本主義の諸法則は社会法則であってけっして自然法則ではないということは、マルクス自身がたとえばマルサスの人口論との関係で口をすっぱくして言っていたことである。もちろんここでの「自然法則」は文字通りの自然界の法則という意味ではなく、資本主義的社会の諸法則は、あたかも自然法則のように人間にとって外的なものとして、コントロール不能なものとして人々の行動を支配しているという意味であろう。いささか哲学的に表現すれば、疎外された社会法則としての「自然法則」ということであろう。とはいえ、ここで繰り返される「自然法則」や「鉄の必然性」や「自然な発展諸段階」という言葉が、経済決定論的・法則主義的外観を色濃く持っていることは否定しがたい。またマルクスは『資本論』の終わりのほうでも、資本主義社会の終焉とより高度な社会への置き換えの必然性をめぐって、かの有名な「個人的所有の再建」の直前の箇所で次のように述べている。

資本主義的生産様式から生まれる資本主義的取得様式は、したがってまた資本主義的私的所有も、自分の労働にもとづく個人的な私的所有の第一の否定である。しかし、資本主義的生産は、一つの自然的過程の必然性をもって、それ自身の否定を生みだす。それは否定の否定である。(九九五頁)

ここでも「自然的過程の必然性」が云々されている。もちろん、これらの片言隻句を持ち出すまでもなく、『資本論』全体が資本主義的生産様式における種々の客観的法則を解明することに向けられており、それらの法則が一種の「強制法則」であること、すなわち個々の人間どころか、個々の資本によってさえ制御できない外的に強制される法則であることが何度も繰り返されている。時にそれは「重力」にもたとえられている。

このような法則主義的な叙述は、『資本論』という経済学的・原論的著作にとってはある程度までは避けがたいものである。それでも、『資本論』の具体的な中身に入るならば、そこにはこのような経済法則論と並んで階級闘争にもかなりの紙幅が割かれていることがはっきりとわかるのであり、それを無視するとすれば、それはあまりにバランスを欠いたことになるであろう。「労働日」をめぐる階級闘争や、機械の導入や資本蓄積をめぐる階級的攻防や、さらには本源的蓄積過程における階級闘争、等々。『資本論』の第一巻にかぎっただけでも、階級対立や階級闘争に関する記述は実に豊富であり、まさにこの点こそが、同時代の有象無象の「経済学原理」とは一線を画すものであり、『資本論』を単なる経済学の書（世間的な意味での）とすることを妨げているものなのである。

しかし、その後、『資本論』が世界的に普及し、教科書的に受容されていく中で、『資本論』の中にあった豊富な階級闘争的記述はしだいに軽視され、それどころか、経済理論を不純化するものだとして排除されていった。その典型例は日本の宇野理論であるが、いわゆる正統派もこの点に関しては似たり寄ったりであった。

しかし、次のような異論がありうるだろう。たしかに、『資本論』はその記述レベルにおいては経済法則の解明と階級闘争の叙述とによって構成されているが、後者はあくまでも歴史的例解にすぎず、経済理論それ自身にはほとんどないしまったく影響を及ぼしていないのではないか、したがって後者を教科書的叙述から取り除いても、さして問題ではないのではないか、と。私はこのような想定しうる異論に対して、これまで、『資本と剰余価値の理論』をはじめとする諸文献で反論しておいた(3)。そこで焦点にしたのは何よりも労働日をめぐる問題である。労働日の長さをめぐる階級闘争とその結果とはそれ自身が経済法則そのものを左右し変容させるのであり、このような階級闘争とは別に何らかの自然的な経済法則が実在するわけではないことを力説しておいた。

資本の運動に内在する何らかの客観的な法則性が存在しないと言いたいのではない。そのような極論を言う人々もいないわけではないが（いわゆる「ポスト・マルクス主義者」や「政治的マルクス主義者のように）、私はそうではない。しかし、そのような法則性はあくまでも潜在的で傾向的なものでしかなく、その実際の現われ（ヘーゲル流に言えばその「現存在」）は階級闘争によって常に媒介され、限定され、変容されるのであり、それが現実の法則なのである。

また次のような異論もありうるだろう。その階級闘争も資本の運動、資本の内在的な法則から生まれるのだから、やはり法則によって決定されているのだと。このような主張は、階級闘争が天から降ってくるものではないという意味では正しい。それの根拠は資本主義社会そのものに内在しており、資本の運動によって絶えず根拠づけられている。しかし、根拠と根拠づけられたものとの関係は、これまたヘーゲル流に言うとけっして必然的な関係ではないし、ましてや「鉄の必然性」の関係ではない。同じような経済的・社会的根拠を持ちながら、社会全体を揺るがす革命闘争へと発展した場合もあれば、速やかに弾圧されて崩壊した場合もある。この大きな差を生み出しているのは、必ずしも経済的土台における構造的差異だけではなく（それもあるだろうが）、階級闘争に参加している、とりわけ指導的に参加している個々人の個性や振るまい、思いもよらぬ諸事件の偶然的な発生や出来事の組み合わせ、個々の国の文化的状況、歴史的経験、国際的状況やイデオロギー的雰囲気、等々の複合的で累積的な諸結果なのである。

2、「社会的必要労働」の階級的性格

日本では「階級闘争史観」という言葉が一種の侮蔑語として用いられているぐらい「階級闘争フォビア」がマルクス派の中に、とりわけマルクス経済学の世界に蔓延している。その最も典型

的な事例が、すでに述べたように宇野理論である。しかしこのような傾向を克服するのに、イデオロギッシュに階級闘争の重要性を強調しても効果はないだろうし、あるいは「構成性」や「脱構築」や「決定不可能性」といったポストモダニスト的なジャーゴンを並べ立ててもあまり意味がないだろう。そこで、ここでは、階級闘争を重視する観点が実は『資本論』をより深く解釈しうるだけでなく、それをいっそう発展させる豊かな可能性を持っていることを、『資本論』第一巻からいくつかの具体的な事例を挙げて示しておきたい（4）（労働日についてすでに過去に何度も論じているので、それらを参考にしてほしい）。

なおここで言う「階級闘争」とは、階級間のむき出しの闘争だけでなく、さまざまな社会意識に媒介され、したがって直接的には階級集団以外の社会的カテゴリーにも媒介されているような種々の社会的闘争をも含む広い概念として理解しておきたい。

さて、『資本論』の出発点は言うまでもなく商品の分析であり、その価値の実体を分析することである。従来の『資本論』研究では、抽象的人間労働の性格規定、価値形態論、物神性論などが熱心に論じられ、無数の論文や、時には著作さえも大量に捧げられてきた。しかし、ここで論じるのは、それらの論点に至るまでの議論、つまりは第一章第一節「商品の二つの要因」である。

その中でマルクスは周知のように商品の価値の大きさを、「商品の生産に平均的に必要な、または社会的に必要な労働時間」によって規定している（五三頁）。商品の価値の大きさをその生産に費やされた労働の量（あるいは労働時間）によって規定することは、すでにアダム・スミス、リカードなどにも見出される労働価値説の共通の了解事項だが、マルクスは価値量を形成する労働を「社会的に必要な労働」と規定しなおした。ここで重要なポイントは「社会的に必要な」という限定のもつ射程である。この語句は、技術的に解釈することもできれば、社会的、階級的に解釈することもできる。実際に『資本論』第一巻で見出されるのは、主として前者の技術的解釈であり、「現在の社会的に標準的な生産条件と、労働の熟練および強度の社会的平均度とをもって、何らかの使用価値を生産するために必要な労働時間」とマルクスは具体的に言いなおしている（五三頁）。

このような技術的解釈はけっして間違っていないし、おおむね妥当な認識だろう。そして、このような基準があるからこそ、後に特別剰余価値を分析する際には社会的価値と個別的価値との差異を抽出することができ、したがってまた生産力の絶え間ない上昇による相対的剰余価値生産のメカニズムも解明できるのである。しかし、ここに階級闘争の観点を導入すれば、違った解釈も可能であり、それを技術的解釈と並んで提示することは、理論的のみならず実践的にも有益である。

たとえば、ある労働現場において、そこで働く労働者の安全性や健康に配慮しないようなやり方が、ある社会のある時代において支配的であるならば、ある商品を生産するのに社会的に必要な労働のうちには、労働者の安全性や健康を守るさまざまな装置や設備にかかる費用は入らないだろう。そして、資本主義の初期段階においては多かれ少なかれそういう状態にあったのであり、したがって、技術的には遅れていても、コストを安く済ませることが可能だったのである。だが、それによって労働者の健康被害や労働災害が頻発し、そうした状況に労働者が黙従せず、自分たちの生命や健康や安全性のために立ち上がり、それが特定の職場で勝ち取られるだけでなく、全国的にも広がっていったならば、もはや、労働者の健康や安全性を守るための装置や設備を費用から取り除くことはできず、それらの装置や設備の生産に投じられた労働は必然的に「社会的に必要な労働」の中に入ることになるだろう。

このような装置や設備は必ずしも生産力を高めるものではない。もちろん、そこで働く労働者がより健康に働けるという意味では、生産力的側面もあるし、労働者の世代的再生産に資するという意味では長期的な生産力的効果があるのも事実だが、それが主要な側面ではない。むしろ追加的な費用がかかるという意味では、生産力は下がっているのであり、その意味で価値の大きさは上昇しているのである(5)。

社会的必要労働をめぐっては、このような労働現場における階級闘争だけでなく、産業廃棄物や種々の排出物をめぐる近隣住民による「社会的闘争」も深く関与している。ある商品を生産する過程で必然的に発生する有害物を無害化する費用を惜しんだり、あるいは有害物を出さない代替的な(だがより高価な)方法を拒否したりすることによって、資本は社会的に必要な労働を縮減することができる。このような有害物の垂れ流しが社会的に規制されておらず、それが社会的・平均的状況であるならば、その商品を生産するのに社会的に必要な労働の範疇の中には、有害物を無害化するのに必要な費用や労働は入らないだろう。だがここでも、近隣住民が立ち上がって社会的闘争を起こし、それが引き金となって、全国的に有害物の排出に対する規制がなされるのなら、有害物の無害化にかかる費用や労働はその商品の社会的価値の中に入るだろう。

このような議論は実を言うと『資本論』の中にまったくないわけではない。それは『資本論』第三巻の利潤率の編における「不変資本充用上の節約」というところでそれなりに論じられている。しかし、多くの読者は『資本論』一巻で済ませており、三巻まで読み進める人はほとんどいない。それゆえ、「社会的必要労働」の概念がけっして単純に技術的なものではないことを『資本論』一巻の価値論のところでも、それなりに言及しておくべきであったと私は考える。

このような社会的価値の階級的内実は、労働力という特殊な商品の場合にはなおのこと決定的な意味を持つのであり、このことに関してはもはやここで縷々説明するまでもないだろう。労働力を再生産するのに必要な生活手段の質も量も範囲も、階級闘争によってかなり直接的に規定されているのであり、マルクスもそのことを重々承知していたのだが（その点はおおむね同時期に書かれた『直接的生産過程の諸結果』や『賃金・価格・利潤』で確認することができる）、『資本論』第一巻における労働力価値の最初の説明のところではそうした観点はまったく出されていない。それゆえ、商品一般と同じく、労働力商品の価値規定でさえその技術的解釈を許すものになっているのである。

3、協業と分業における階級的諸関係

マルクスは『資本論』第一巻の第一二章において「分業とマニュファクチュア」を論じており、その中でかなりの程度、資本主義的な分業が個々の労働者を断片化することによって資本に対し

て無力にし、熟練という自立化手段を奪い去ることによって資本への従属を深めるというような階級的議論を展開している。分業は単に技術的なのではなく、独自に階級的な意味を持っているということである。ところが、このような階級的観点はその直前の「協業」章においてはきわめて希薄である(6)。そこにおいてもたしかに、共同労働における指揮監督機能が資本家によって(あるいは資本の代理人によって)専有され、それが搾取機能も果たすことが言われているが、それ以前の協業のさまざまな効果について論じている箇所では、何ゆえかほとんど階級的観点からの説明はなく、あたかも協業という生産形態から必然的にあれこれの生産的効果が技術的に発生してくるかのように叙述されている。

たとえば、マルクスは、個々の資本家のもとで多数の労働者が労働を行なうことで、平均的な質の労働力が確保されると述べている。ここでの「平均」は純粋に算術的なものであるようだ。一例としてマルクスは、一二人の労働者を雇う資本家は、二人ずつ徒弟を雇う六人の親方と比べて、社会的に平均的な質の労働力を手に入れることができると述べている(四二四頁)。一人ひとりの労働者は平均よりも優れていたり劣ったりしているかもしれないが、一二人もいれば、そのようなずれは相殺され、社会的に平均的な質の労働力が手に入るというわけだ。だが、資本家はそのような算術的平均に満足するだろうか? 協業の真の資本主義的意義は、そのような算術的ないし技術的平均における労働力を確保することにあるのではなく、一二人の労働者のあいだで競争を人為的に組織し、その中で最も優れた労働者を基準に設定し、その労働者が発揮する質と量に大きく立ち遅れる労働者を解雇することによって、この平均水準そのものを普段に高める点にあるのである。ところがマルクスはこのような観点についてはまったく述べていない。ずっと後の出来高賃金のところでは、それに類似した議論をしているのだが、協業のところではまったく触れられていない。

同じく、マルクスは、労働者集団の単なる社会的接触から「競争心や活気（アニマルスピリッツ）」が生じ、それが「各人の個別的作業能力を高める」と述べている（四二八頁）。はたしてそうだろうか？　多数の労働者が一箇所に集まることが必然的に競争心や活気を高めるとはかぎらない。それは、集団でおしゃべりする機会と動機を与えるかもしれないし、集団的に反抗したり抵抗したりする動機や機会をも与えるかもしれない。労働者の集合がそのような結果をもたらさずに、「競争心やアニマルスピリッツ」を生み出すのは、それがあくまでも資本家の監督と支配のもとでの集合であり、資本家の鞭のもとでの労働だからである。

もちろん、マルクスは資本家のもとでの協業を分析しているのだから、そのようなことは最初から前提になっていると反論する人もいるかもしれない。しかし、けっしてそうではない。なぜならマルクスは、そのすぐ後に続いて次のように述べているからである。

> このことは、人間は生来、アリストテレスが言うように政治的な動物ではないにしても、とにかく社会的動物であるということから来ている。（四二八頁）

このようにマルクスは「社会的動物」としての人間の何らかの生来の性質からこの種の効果を

導き出している。明らかにこれは資本主義的協業の自然主義的解釈であると言わざるをえない。

また、次の「分業とマニュファクチュア」章の最後の部分においてマルクスは、マニュファクチュア的分業における労働者の無規律や無統制に対する資本家の不平について述べ、このような限界を突破するものとして「機械と大工業」への移行が行なわれると述べている。しかし実を言うと、このような労働者の「無規律さ」に対する資本家の不平不満は何よりも協業の段階から発生しているのである。分業それ自体が無規律の原因なのではなく、むしろ協業がその原因なのだ。一箇所に集められた多数の労働者たちが団結して怠業したり、おしゃべりをしたり、手を抜いたりするのではなく、相互に競争しあい、相互に監視しあい、アニマルスピリッツを発揮し、したがって「各人の作業能力を高める」ようになるのは、自動的過程でもなければ、人間の生来の性質のおかげでもなかった。そこでは、労働者を階級的に規律づけるための資本家による不断の働きかけが必要だったのであり、就業規則の作成や監督者による厳しい監視から、解雇の脅しや表彰・罰則制度の設定、さらには暴力の行使や警察による弾圧にいたるまでの無数の階級的・政治的取り組みが必要だったのである。そしてそれに対抗して労働者の側も、労働者同士がこっそり申し合わせて手抜きをしたりすることから、組合の結成やストライキにいたるまでのさまざまな抵抗手段を用いたのである。つまりは、階級闘争がそこには根本的にかかわっているのだ。

この階級闘争に資本家が勝利し、規律化と競争の組織化が獲得された時に初めて、協業による労働者の社会的接触は「各人の作業能力の高まり」をもたらすようになり、「一二人がいっしょになって一四四時間の同時的一労働日に供給する総生産物は、めいめいが一二時間ずつ労働する一二人の個別労働者……が供給する総生産物よりも、ずっと大きい」（四二八頁）という結果も生じさせたのである。したがって、時には、本当は一二人が必要な作業現場において、一〇人で労働させるということも可能にもなるのである。

そして、資本家はこの階級的規律化を達成する手段の一つとして、分業や機械をも導入する。機械導入のこの階級的動機についてはマルクスは『資本論』でかなり詳しく論じているが（五六九〜五七〇頁）(7)、分業については必ずしもそうではない。マルクスは、あたかも資本主義的分業の種々の形態が基本的に生産物の性質と生産過程の技術的必要性にもとづいているかのように書いている。資本による分業推進の動機は、生産力を個々的にも全体としても高めて特別剰余価値と相対的剰余価値を獲得することであり、また労働者の熟練を水平的に解体することで労働者の階級的自立性を奪い去ることであるという点については、たしかに『資本論』でもきちんと指摘されている。しかし、作業の分割形態そのものは、マルクスは基本的に生産物の性質と生産過程の技術的必要によって説明している。

たしかに多くの分業はそうである。しかし、資本家はしばしば、生産力を高めることに直接的には何ら寄与しなくても、また技術的にとくに根拠がなくても、ただ労働者を分断するためだけに恣意的に特殊な「職能」や「職務」をでっち上げ、他の職務とのあいだに微細な（しかし明確な）賃金格差をつくり出そうとするのである(8)。この種の恣意的「職務」はとくにホワイトカラーに見られる。日本は職務給ではないので、この種の事例は目立たないが、職務給を中心とする国々、とりわけアメリカでは技術的分業ならぬ一種の政治的分業がしばしば見られるのであり、それは、労働者を階級的に分断し、労働者間に競争や嫉妬心を呼び起こし、そうすることで労働者を規律づけ、資本の支配を確実にすることを目的としているのである。

4、資本蓄積をめぐる階級闘争

資本蓄積論は、労働日論や機械論と並んで、『資本論』の中ではかなり階級的観点の豊富な箇所である。しかし、それでも、階級闘争という決定的要因がしばしば見落とされており、それなしには説明できない事象がそれなしで説明されている。たとえば、資本の有機的構成が一定である場合の資本蓄積の進行がある一定の時点で労賃の上昇を必然化させるという議論はその一例である。マルクスは、「資本主義的蓄積の一般的法則」の章において次のように述べている。

資本の蓄積欲求が労働力ないし労働者の数的増大を上回り、労働者に対する需要がその供給を上回り、したがって労賃が上がるということはありうる。むしろ、前述の前提（有機的構成の一定）がそのまま持続する場合には、結局そうなるよりほかはない。毎年、前年よりも多くの労働者が使用されるのだから、遅かれ早かれいずれは、蓄積欲求が通常の労働供給を上回り始める点が、つまり賃金上昇の始まる点が現われざるをえないのである。（八〇〇頁）

ここの叙述はまったく論理的に問題がないように見えるし、実際、一八世紀にイギリスで賃金上昇の時期が歴史的に存在したことがこの推論を正当化しているように見える。だがはたしてそうだろうか？　労働力供給が不足しているにもかかわらず、賃金が上昇するどころか、むしろ下がり続けている、あるいは少なくとも長期にわたって停滞している現代の日本の状況を見れば、「労働力の供給不足→賃金の上昇」という（市場主義的）命題は必ずしも成り立たないことがわかる。このような推論にあっては実は、労働者の側に、労働力の供給不足という事態を利用して実際に賃金上昇を獲得するだけの力量が存在していること、つまりは階級闘争を遂行する能力が存在していることが隠れた前提になっているのである。

そして、一八世紀においてそのような賃金上昇が存在したとすれば、その時代には機械化がまだほとんど進行しておらず、労働者は自分たちの熟練に依拠して抵抗することができたし、また、簡単に熟練労働者を外部から調達することができないという事情等々ゆえに賃金上昇を獲得しえたという歴史的状況が存在したのである。このような歴史的状況が存在しない場合には、現在の日本のように、深刻な労働力不足にもかかわらず、賃金はほとんど上昇せず、ただ労働力不足の解消のために、高齢者や外国人労働者が低賃金のままで動員されるという事態がもたらされるだけであろう(9)。

さらに言うと、資本の有機的構成が一定であるからといって賃金が自動的に上昇しないように、逆に資本の有機的構成が上昇したからといって自動的に賃金が低下して、労働者がより隷属的になるわけでもない。マルクスの時代に見られたそのような現象は、実際には資本の有機的構成の上昇だけでなく、労働者階級の立場を不利にした他のさまざまな諸条件（たとえば女性労働者が労働組合にほとんど組織されていなかったこと、児童労働を法的に規制することができていなかったこと、当時は出生率が非常に高かったこと、など）が隠れた変数として存在しているのであり、したがってこの変数が変わった場合には、異なった結果をもたらしうる。

たとえば、第二次世界大戦後の高度経済成長期のように、有機的構成が持続的に高度化していったにもかかわらず、賃金の上昇と労働者の自立化の増大が広範に生じることは十分に可能なのである。いわゆる社会主義圏の成立や植民地の独立による世界的な労働市場の大幅な縮小、女性の労働組合への組織化、児童労働の法的規制、反ファシズム闘争による共産勢力や社民勢力の伸張、等々が、先進国における労働者階級の政治的力量を著しく高め、資本の有機的構成の高度化にもかかわらず賃金の持続的で大幅な上昇を可能にしたのである(10)。

以上、階級闘争の観点を導入することで、『資本論』での叙述がより説得的なものになりうるいくつか事例を挙げた。ここで挙げた事例はあくまでもごく一部にすぎない。このような観点から『資本論』のあらゆる論点を見直し、いっそう発展させることは非常に有意義であろう(11)。

マルクス自身は、『資本論』初版の出版後もこのような階級闘争の観点を発展させることはあっても、後退させることはなかったように思われる。その点は、本稿の冒頭でエピグラフとして掲げたマルクスのエンゲルスへの手紙にもはっきり示されている。現実の階級闘争と階級対立を議論の中に入れることによってのみ経済学は言葉の積極的な意味での「実証的科学」になることができるのだとマルクスははっきり述べている。

同様の見解は同じ年の一月にマルクスがエンゲルスに宛てた手紙の中にも見出すことができる。それはあの有名なデューリングがマルクスの『資本論』について書いた書評に触れた手紙で、当時、ほとんどの経済学者がマルクスのこの歴史的著作を無視する中で、デューリングがそれなりに積極的に評価する書評を書いたことは、マルクスに一定の感銘を与えたようである。その中でマルクスはきわめて興味深いことに次のように述べている。

僕には彼〔デューリング〕の叙述の中で、一つのことがひどく目についた。すなわち、労働時間による価値規定がリカードにおいてさえそうだったように、「無規定」であるあいだは、それは連中を震えあがらせはしない。ところが、労働日やその諸変化と正確に結びつけられるやいなや、彼らに対してまったく不愉快な新しい灯火が現われるのだ。(12)

このようにマルクスは、労働時間による価値規定がリカードの場合のように「(階級的に) 無規定」であるあいだは、ブルジョアジーを恐れさせはしないが、それが「労働日およびその諸変化」と、つまりはそれをめぐる階級闘争と結びつけられるやいなやブルジョアジーにとって「まったく不愉快な」ものになると述べている。マルクスの労働価値論とリカードの労働価値論との決定的な差異はまさにこの階級闘争の観点の有無にあるのであり、マルクス自身がこの点に十分自覚的だったことがわかる。

さらに、もしマルクスが『資本論』第二巻や第三巻を最終的に仕上げることができていたなら、必ずや階級闘争の観点を大幅に叙述に取り入れたことだろうし、理論そのものもそのことによっていっそう発展を遂げていただろう。

5、『資本論』からロシア革命へ

『資本論』とロシア革命との関係に関しては、すでに述べたように、正反対のものとして一般に理解されている。先に引用した「産業発展のより高い国は、発展のより低い国に、ただその国自身の未来の姿を示しているだけである」という一文は、産業の遅れたロシアにおいて社会主義革命が不可能であることを示すものであるとみなされてきた。他方、『資本論』の叙述が何らかの形でロシア革命に対して肯定的に用いられる場合には、ドイツ語版『資本論』ではなくて、フランス語版『資本論』の「本源的蓄積」における次の有名な一節が用いられるのが通常であった。

本源的蓄積の歴史では、形成途上にある資本家階級の前進にとって梃子として役立つ変革はすべて画期的であるが、多数の者からその伝統的な生産手段と生活手段とを奪い取ることによって彼らを突如として労働市場に投げ込む変革はとりわけ画期的である。だがこの進化全体の基礎は農民の収奪であり、この収奪が徹底的に成し遂げられたのは今なおイギリスだけである。したがって必然的に、この国がわれわれの素描の中では主役を演じる。だが西ヨーロッパの他のすべての国も同じ運命をたどる。(13)

周知のように、ドイツ語版『資本論』では、この引用箇所の最後にある「西ヨーロッパの他のすべての国も同じ運命をたどる」という叙述がなく、このことは農民の土地収奪による資本主義の発生過程は西ヨーロッパに限定されるのであって、東ヨーロッパやとくにロシアにおいてはそうではないとマルクスが、少なくともこの部分が出版される一八七五年以降には考えていたことの証拠とされてきた。実際、マルクス自身も、後年ロシア人たちに宛てた手紙（『祖国雑報』編集部への手紙やザスーリチへの手紙およびその草稿）の中でこの部分を繰り返し指示しており、ロシアでは異なった道をたどることができるとアドバイスしていたのである（もっとも、実際に投函されたのはザスーリチに宛てた最後の短い手紙だけなのだが）。

これらの文言にもとづいて、ロシアのナロードニキたちは、彼らの伝来の主張である、ロシアは資本主義を経ることなしに農村共同体（ミール）にもとづいて共産主義に飛躍することができるという命題が他ならぬマルクスによって支持されたとし、マルクスの権威でもって自分たちの主張を正当化した。

ドイツ語版の序文とフランス語版の「本源的蓄積」論からの一見対照的な引用文にもとづいて、単線発展的なドイツ語版に対する複線発展的なフランス語版（およびその後の手紙）という対立図式を構築することはそれほど難しくないし、実際にしばしばそうされている(14)。しかし、ドイツ語版とフランス語版のそれぞれの引用箇所には実は重大な続きがあり、むしろそちらの方がロシア革命との関連では重要なのであって、それらを慎重に検討するなら、従来の図式とは、正反対とは言わないまでも、かなり異なった結論が出てくるだろう。
まずドイツ語版の序文の続きを見てみよう。

　資本主義的生産がわが国〔ドイツ〕で完全に取り入れられているところ、たとえば本来の工場では、イギリスよりもずっと悪い状態になっている。というのは、工場法という対抗物がないからである。その他のあらゆる部門でわれわれは他の大陸西ヨーロッパ全体と同じく、資本主義的生産の発展によってだけでなく、その発展が欠けていることによっても苦しめられている。近代的な窮迫の他に、多くの伝来的な窮迫がわれわれにのしかかっているのであるが、これは、古風な時代遅れの生産様式が時代遅れの社会的ないし政治的な諸関係をともなって存続していることから生じているのである。（九頁）

　つまり、この文章においてマルクスはすでに、「産業発展のより高い国は発展のより低い国にただその国自身の未来の姿を示しているだけ」ではないことをはっきりと示しており、ドイツのような後発国においては、最新の資本主義的発展による窮迫だけでなく、遅れた伝来の搾取形態による窮迫も（それに照応する時代遅れの政治的・社会的諸関係をともないつつ）人民を苦しめていると述べているのである。これはまさに、トロツキーが『ロシア革命史』で述べた後発国における不均等・複合発展法則（先進的な諸要素と後進的な諸要素とが結合することによって、先進国とは異なる特殊な歴史的状況が後発国で生み出されること）の現われに他ならない(15)。

そして、革命前のロシアにおいては、『資本論』出版当時のドイツよりもはるかに先進的な巨大工場の大量建設（それによる工場労働者の極度の集中）と、当時のドイツよりもはるかに後進的な半農奴制的搾取とが結合しており、しかも、前者には、当時のドイツよりもはるかに先進的な革命思想（マルクス主義）の普及がともない、後者には当時のドイツよりもはるかに遅れた官僚的で専制的な政治体制をともなっていたのである。このような極端な複合的状況こそが、先進国とは異なる発展形態をロシアにおいて可能にしたのであり、したがってまた、大都市に集中された先進的労働者階級による権力獲得をも可能にしたのである。

たしかに、ロシアの平均的な生産力水準は同時代の西ヨーロッパ先進国やアメリカに比べてかなり低かった。だが当時のロシア社会のような極端に不均等な社会において平均値を持ち出して社会主義革命にとっての未成熟を云々することは、まったくミスリーティングである。一九一七年時点のロシアにおいては、いや一九〇五年のロシアにおいてさえすでに、そのヨーロッパ・ロシア地域、とくにその中の大都市部、中でも首都ペトログラードには、『資本論』出版当時どころか、その三〇年後のドイツやベルギーやオーストリアよりも集中された先進的大工業が存在し、はるかに戦闘的で革命的な労働者階級が大規模に存在していた(16)。そしてこの数百万の革命的労働者階級の背後には同じぐらい革命的な一億の農民が控えており、土地への激しい渇望を持っていた。このような極端に不均等で複合的な社会こそが、世界戦争の真っ只中でロシアのブルジョア民主主義革命を世界最初の社会主義革命へと永続させる根本的な原動力となったのである。

6、フランス語版『資本論』とロシア・マルクス主義

次に、フランス語版の引用箇所の続きを見てみよう。わかりやすいように、「だが西ヨーロッパの他のすべての国も同じ運命をたどる」という一文から引用しておこう。

だが西ヨーロッパの他のすべての国も同じ運命をたどる。この運動が、環境にしたがって地域的色彩を変えるか、あるいはもっと狭い範囲に閉じ込められるか、あるいはさほど目立たない特徴を示すか、あるいは違った順序をたどるにしてもだ。(17)

あまり注目されていないが、実はこの部分もドイツ語版とは異なっている。いくつか違っているのだが、最も重要な違いは、農民収奪の過程に関して「もっと狭い範囲に閉じ込められる」(範囲ないし外延の限定)と「もっと目立たない特徴を示す」(程度ないし内包の限定)という二重の限定がドイツ語版にはないことである。この二重の限定が追加されることによって、古い形態の社会が資本主義へと本格的に転化するのに、必ずしも農民の土地の全面的ないし大部分の収奪は必然的ではないとマルクスが考えていたとみなすことができる。だとすれば、この農民収奪の過程をあえて西ヨーロッパに限定する必要はいささかもなかったのだ。

そして、実際、ロシアにおいては、一八六一年の農奴解放後に農村共同体の解体が開始される

のだが、それが広大なロシアの農村全体にゆきわたるはるか以前に、農村共同体の部分的な解体から生じたロシア労働者階級にもとづいて、一九一七年にボリシェヴィキ革命が生じたのである。そして、このかなり広く残存した農村共同体は、共産主義の出発点にはならなかったにせよ、少なくとも都市労働者階級の革命闘争と権力体制を支える役割を果たしたのは明らかである。

そして、このような結果は実は、初期のロシア・マルクス主義者、とりわけプレハーノフとザスーリチによって驚くほど正確に予想されていた。晩年のマルクスは、かつてのロシア農村共同体の全面解体必然論から、ナロードニキ的な、ロシア農村共同体の最大限の保存による共産主義への飛躍論（ただし西欧革命の勃発による技術的・経済的援助を必要不可欠な前提としつつ）へとほとんど一八〇度の転換を遂げたのだが(18)、実際にはこの新旧どちらの見方も現実によって間違いであることが明らかになった。

一部のマルクス信奉者たちは、晩年のマルクスのこの転換をほめそやし、機械的で経済主義的なロシア・マルクス主義に対置しようとするのだが(19)、実際には、初期のロシア・マルクス主義者たちは、マルクスの当初の全面解体論と晩年の保存飛躍論とをともに克服する（止揚する）より高度な理論を展開していたのである。そして、その際に導きの糸になったのは、実は『共産党宣言』におけるマルクスとエンゲルスのドイツ革命論であった。

共産主義者はドイツに主な注意を向ける。なぜなら、ドイツはブルジョア革命の前夜にあり、しかもドイツが、この変革を一七世紀のイギリスや一八世紀のフランスと比べてヨーロッパ文明全体のより進んだ諸条件のもとで、そしてはるかに発達したプロレタリアートでもって遂行するので、ドイツのブルジョア革命はプロレタリア革命の直接的な序曲となるほかないからである(20)。

実際、一九一七年におけるロシアの労働者階級は、一九世紀のドイツよりもはるかに進歩した「ヨーロッパ文明全体の諸条件のもとで」、そして『資本論』出版当時のドイツ「よりもはるかに発達したプロレタリアートでもって」ブルジョア革命を遂行したのであり、したがってそれは文字通りプロレタリア革命の直接の序曲となったのである。実際、プレハーノフは、マルクス主義者になって最初に書いた記念碑的著作『社会主義と政治闘争』(一八八三年)の中ですでに次のように書いている。

われわれは……ドイツの共産主義者のりっぱな手本にならわなければならない。このように行動しながら、共産主義者は「ドイツのブルジョア革命はプロレタリア革命の直接の序曲となる」ことを望んでいた。ブルジョア社会の現状および各文明国の社会的発展に対する国際関係の影響は、ロシアの労働者階級の社会的解放が絶対主義の崩壊のすぐあとに続くことを期待する権利をわれわれに与える。もしドイツのブルジョアジーが「やって来るのが遅すぎた」なら、ロシアのブルジョアジーはさらに遅れ、その支配は長つづきしないだろう。ロシアの革命家は今度は、今やすでにまったく時宜に適し緊要なものになった

労働者階級の準備教育の事業を開始するのが「遅すぎ」ないようにすることだけが必要である。(21)

ロシア・マルクス主義者たちが自分たちの行動指針にしたもう一つの文献は、先に引用した『資本論』序文における経済決定論的文章、すなわち「たとえ一社会がその運動の自然法則を探りだしたとしても……」から始まる文章に続く一文、「しかし、その社会は、分娩の苦しみを短くし緩和することができる」(一〇頁)であった。すなわち、ロシア社会もまた「自然な発展諸段階」(すなわち資本主義社会の成立)を「飛び越えることはできない」が、「分娩の苦しみ」(すなわち資本主義的搾取)を「短く」することはできるのであり、ロシアにおける資本主義の本格的な発展は農村共同体の部分的解体とそれによる労働者階級の大規模な創出を必要条件とするが、すでにヨーロッパにおいては資本主義が高度に発展していて、社会主義革命が日程に上っているので、ロシア資本主義は西ヨーロッパにおけるような全面的発展を経ることなしに、したがって、農村共同体の解体と農民収奪が全面的なものになるはるか以前に、西ヨーロッパの社会主義革命とそれによる援助を通じて、社会主義革命へと移行することができると主張したのである。これは、プレハーノフの『われわれの意見の相違』(一八八四〜五年)やザスーリチの「エンゲルス『空想から科学へ』ロシア語版序文」(一八八四年)などにはっきりと書かれている観点である。たとえばザスーリチは次のように述べている。

ロシアの最も近い将来は資本主義の成長のもとにあるが、最も近い将来のみである。共同体の完全な解体のときまで資本主義が存続していることはないだろう。ロシアの現在の経済発展はあまりにも密接に西ヨーロッパの発展と結びついているが、その西ヨーロッパではすでに資本主義の寿命は尽きつつある。西方での社会主義革命はヨーロッパの東方においても資本主義に引導を渡すだろう。その時にこそ、農村共同体制度の残滓はロシアに偉大な貢献をなすだろう。(22)

そしてその後のロシア社会の発展はおおむねザスーリチやプレハーノフらの予想通りに進んだ。これは、皮肉なことに、晩年のマルクスが傾倒したナロードニズムに対する、その晩年のマルクスに逆らって『共産党宣言』と『資本論』のマルクスに依拠しようとしたロシア・マルクス主義者の、理論的優位性を証明するものに他ならない。プレハーノフは一八八九年の第二インターナショナル・パリ大会においてロシアのマルクス派を代表して発言をしているが、その発言を締めくくる有名な最後の文句、「ロシアにおける革命運動は労働者の運動としてのみ勝利するか、さもなくばけっして勝利しないだろう」というセリフほど予言的なものはない(23)。レーニンの労農民主独裁論もトロツキーの永続革命論も、このプレハーノフの理論的展望の射程上にあると言っても過言ではない(24)。

したがって、ロシア革命は、『資本論』に反して起こったのではなく、ドイツ語版『資本論』の序文やフランス語版『資本論』の修正部分にかなり沿って起きたと言うことができるだろう。

もちろん、ロシア革命が実際に成功するためには、現実の階級闘争におけるきわめて複雑な（そして無数の偶然性によって媒介された）諸過程が必要になるし、それが結局は決定的なのである。そこにおいて、ロシア労働者階級とボリシェヴィキの主体的振るまいはさまざまな構造的諸要因と並ぶ決定的な意義を有していた(25)。

理論的予想はかなりの幅をもってしか可能ではなく、ロシア十月革命が成功する必然性などなかった。あったのはそれを可能とした社会的・経済的・政治的諸条件である。それらの諸条件は不均等複合発展という法則の産物であるが、この法則は革命の現実の成功を保障するものではまったくなかった。ヘーゲルの言う「理性の狡智」など存在しない。実際の具体的な階級闘争だけがそれを現実化させたのである。

同じく、ロシア十月革命が後にスターリニズム的に堕落する必然性もけっしてなかった。それは、経済的に遅れたロシアで無理やり社会主義革命をやったことの必然的帰結ではないし、エリート主義的ボリシェヴィキの悪魔的本性の必然的産物でもないし、ましてやアジア的生産様式にもとづいた「オリエンタル・ディスポティズム」の必然的現われでもない。それは、革命そのものを勝利に導いたのと同じぐらい複雑でしばしば偶発的な諸過程（国内的のみならず国際的な、歴史的のみならず個人的な）の累積的結果なのである。同じことはソ連の崩壊そのものについても言えるだろう。

『資本論』出版後の一五〇年とロシア革命勃発後の一〇〇年の歴史がわれわれに教えている一つの重要な教訓は、いっさいの諸現象は、経済法則（あるいは歴史法則）の単なる現われではなく、客観的な法則性と主体的な階級闘争との複雑な絡み合いの（しばしば偶発的な）結果であり、その絡み合いの中では客観的なものと主体的なものとは相互に深く浸透しあうということである。このことが『資本論』の研究においても、ロシア革命の研究においても指針とならなければならない。

注

（1）『マルクス＝エンゲルス全集』第二三巻、大月書店、一四三〜一四四頁。強調は引用者、訳文は既訳通りではない。以下同じ。

（2）ただしグラムシは『資本論』や唯物史観を機械的に解釈する人々に対する皮肉の意味を込めてこのタイトルをつけたのであって、グラムシ自身の考えを示すものでは必ずしもない、あるいは少なくともストレートな意味ではそうではない。

（3）森田成也『資本と剰余価値の理論』作品社、二〇〇八年。同『価値と剰余価値の理論』作品社、二〇〇九年。

（4）階級闘争の観点を重視して『資本論』の第一巻を分析した英語文献としては以下のものがある。Harry Cleaver, *Reading Capital Politically*, 2nd ed., Oakland 2000; Michael A. Lebowitz, *Beyond Capital: Marx's Political Economy of the Working Class*, 2nd ed., London 2003; David Harvey, *A Companion to Marx's* Capital, New York 2010.

（5）マルクスは、リカードを初めとする古典派たちが価値の量的側面だけを見て、価値を形成する労働の質的側面を見逃していたと批判したことはよく知られている。たとえば、マルクスは有名な「ワーグナー評註」において次のように述べている。「リカードは実際には労働をただ価値の大きさの尺度としてだけ扱っており、それゆえ彼の価値理論と貨幣の本質とのあいだになんらの関連も発見しなかったのである」(邦訳『マルクス・エンゲルス全集』第一九巻、三五七頁)。そしてその後の研究者たちも、イサーク・ルービンを初めとして、抽象的労働の社会的独自性にもっぱらその注意を集中させた。そのせいで、逆説的なことに、価値を形成する労働の量と範囲の問題が持つ独自に階級的な性格については看過されてしまったのである。

(6) その後の『資本論』研究でも階級闘争との関連を分業論から開始するものは多い。例えば以下。Andre Gorz ed., *The Division of Labour: The Labour Process and Class-Struggle in Modern Capitalism*, The Harvester Press, 1976.

(7) マルクスはすでに一八四六年一二月の有名な「アンネコフへの手紙」の中で「一八二五年以後は、機械の発明と応用は雇い主と労働者との闘争の結果であるにすぎない」と述べていた(『マルクス・エンゲルス全集』第四巻、五六六頁)。

(8) 「有用労働のいわゆる技術的分割も、労働者を統制下に置き続けることを企図した、労働者階級の分断である」(Cleaver, *Reading Capital Politically*, p. 113.)。ただしクリーヴァーはこの命題を過度に普遍化している。実際には単なる技術的分業も存在する。

(9) 今日の日本において、「外国人技能実習生」という名のもとに膨大な数の外国人労働者が日本に来日しており、その多くがほぼ無権利なまま最低賃金以下の賃金で働かされている。報道によると、

ＯＥＣＤ加盟国中、日本は二〇一五年時点ですでに年に四〇万人もの外国人移住者を受け入れており、これは世界第四位の水準になっている（『西日本新聞』二〇一八年五月三〇日付）。
（10）この点についてより詳しくは、拙書『ラディカルに学ぶ資本論』（柘植書房新社、二〇一六年）の第2章「『資本論』から読み解く危機と失業」を参照。
（11）その一つの試みとして、拙書『マルクス経済学・再入門』（同成社、二〇一四年）を参照のこと。
（12）邦訳『マルクス＝エンゲルス全集』第三二巻、大月書店。一〇頁。
（13）マルクス『フランス語版資本論』下、法政大学出版局、一九七九年、三九六〜三九七頁。
（14）たとえば以下を参照。ケヴィン・アンダーソン『周縁のマルクス』社会評論社、二〇一五年、二六五、三三六〜三三七頁。
（15）トロツキー『ロシア革命史』第一巻の第一章、岩波文庫、二〇〇〇年。同書では「歴史的後発性の特権」と訳すべき部分が「歴史上の立ち遅れという特権」と誤訳されている（同前、五四頁）。以下を参照。トロツキー「ロシアにおける発展の特殊性」『永続革命論』光文社古典新訳文庫、二〇〇八年。
（16）トロツキー『一九〇五年』現代思潮社、一九六九年、三三〜三五頁。トロツキー『わが第一革命』現代思潮社、一九七〇年、四一六〜四一七頁。トロツキーはこれらの事実を『ロシア革命史』第一巻の冒頭章でも簡潔に繰り返している。
（17）前掲マルクス『フランス語版資本論』下、三九七頁。
（18）マルクスにおけるこの転換は、『資本論』初版がロシア語に翻訳されたことをきっかけに始まった、マルクスとロシア人との交流から徐々に生じたものであった。ここでも『資本論』は奇妙な舞台回しの役割を演じている。そして、ロシアにおいて『資本論』は、左派のナロードニキの極にあっては、資本主義という地獄を回避する最も力強い証言として利用され、ブルジョア自由主義（ないし合法マルクス主義）の極にあっては、資本主義へとロシアが全面的に突入するべき理論的証明として利用されたのだった。

(19) たとえば、平田清明『新しい歴史形成への模索』新地書房、一九八二年。

(20) マルクス&エンゲルス「共産党宣言」『マルクス・エンゲルス全集』第四巻、大月書店、五〇七頁。訳文は修正。以下同じ。

(21) プレハーノフ『社会主義と政治闘争』、国民文庫、一九七三年、一〇四～一〇五頁。

(22) В. И. Засулич, 'Предисловие к работе Ф. Энгельса « Развитие социализма от утопии к науке »', *Первая Марксистская Организация России-Группа "Освобождение Труда": 1883-1903*, Москва 1984, с. 38.

(23) この歴史的演説には二種類のテキストが残されている。ここで引用したのは第二のテキストによる（Georgi Plekhanov, 'Speech at the International Worker's Socialist Congress in Paris', *Selected Philosophical Works*, vol. 1, p. 406.）。第一のテキストではここのセリフは「ロシアにおける革命運動は労働者の革命運動としてのみ勝利しうる。われわれにとってそれ以外の活路は存在しないし、存在しえない」となっている（Ibid, p.405）。

(24) プレハーノフを機械的な発展段階論者に仕立てあげた上で、晩年のマルクスの「飛躍論」と初期ロシア・マルクス主義者の「段階論」とを対立させようとする議論ほど誤った議論はない。それは、マルクスの晩年の理論を過大評価するものであるだけでなく、プレハーノフらの初期の理論を過小評価するものでもある。

(25) 二月革命から一〇月革命に至る過程がいかにさまざまな偶然性や人々の主体的振る舞いの複雑な絡み合いから成り立っているか、いかにそれがさまざまな分岐点や切り替えポイントに満ちていたかについては、イギリスのSF作家で左派の理論家でもあるチャイナ・ミエヴィルのすぐれた著作『オクトーバー　物語ロシア革命』(筑摩書房、二〇一七年)をぜひ参照にしてほしい(訳があまりよくないので、原著といっしょに読むことをお薦めする)。それを読めば、ロシア革命という巨大な竜がカデットやメンシェヴィキやエスエルだけでなく、いかにボリシェヴィキをも振り回していたかがわかるし、ボリシェヴィキ(ないしレーニン)が常に正しく先を見通して革命を一貫して指導したというイメージ(それを肯定的に理解すればかつてのスターリニスト的なソヴィエト正統史学になるし、それを否定的に理解すれば、ボリシェヴィキの一貫した陰謀による十月クーデターという見方になる)が、いかに現実とずれているかがわかる。ボリシェヴィキもレーニンにも、ロシア革命という竜から振り落とされないために必死だったのだ。十月革命に向けた避けがたい決定的な勢いが生じたと言えるのは、ようやく八月末のコルニーロフ事件の崩壊後であり、その時でさえ、蜂起の是非をめぐってボリシェヴィキ党幹部のあいだでは深刻な対立が存在していたのである。同じくジョン・リードの名著『世界を揺るがした一〇日間』も、十月革命の具体的過程がいかに危うい力のバランスの中で進行したかを見事に活写している(ジョン・リード『世界を揺るがした一〇日間』

光文社古典新訳文庫、二〇一七年）。

第6章

マルクスの『資本論』とロシア革命の現代的意義

【解題】以下の論考は、二〇一八年二月一七日に都心で行なわれた講演にかなりの加筆修正を加えたうえで、『自治体労働運動研究』第六六号と第六七号に上下に分けて掲載されたものである。その一年前の講演（本書の第1章）では、「資本の限界」として四つを挙げておいたが、ここでは一つ増えて「資本の五つの限界」になっている。これでもまだ不十分だと思っているので、いずれより体系的に、資本の諸限界について語る機会があればと思っている。今回、収録するにあたって、『自治体労働運動研究』に掲載したものにさらにいくつか細かい修正を加えている。また本稿では、第4章と違って「ブルジョア革命の時代」を一八世紀末のフランス革命から始まるとしているが、それはより狭い意味での「ブルジョア革命の時代」のことであると考えていただきたい。

本稿は、ちょうど本書全体のテーマと一致して、マルクスの『資本論』とロシア革命について両者を関連させつつ詳細に語るものとなっており、内容的にも分量的にも本書の中心をなすものと言っていいだろう。

はじめに──『資本論』、ロシア革命、一九六八年

今日のテーマは「マルクスの『資本論』とロシア革命の現代的意義」です。前者は理論的な存在で、後者は実践的な存在ですが、この両者をリンクさせて論じるということが今日のテーマで

す。どちらも大昔の話ですから、かなり長いスパンでそれらの意義を考えていきたいと思います。

多少偶然の要素はありますが、世界史的な意義を持った三つの事件がちょうど五〇年の間隔を置いて起こっています。まず『資本論』初版の出版が一八六七年で、そのちょうど五〇年後の一九一七年にロシア革命が起こり、さらにそのほぼ五〇年後に一九六八年革命が起こっています。一九六八年革命は実際には一九六七年ごろから起こっていますから。やはり五〇年ですね。そして今年がそのちょうど五〇年後の二〇一八年です。

この三つの事件のうち、かろうじてみなさんが経験しているのは一九六八年革命だけだと思います。五〇年という期間そのものは偶然ですが、そういう現代史ともつながる大きな歴史的連関がこの三つの流れのあいだにはあります。『資本論』の出版がロシア革命の遠い源泉であるし（ロシア革命を指導したマルクス主義者たちは、何よりも『資本論』のロシア語訳を起点としています）、ロシア革命がもたらした巨大なインパクトが最終的に先進国の大部分をも巻き込む一九六八年革命につながっているわけです（一九六八年革命を担った若者の大部分はロシア革命や中国革命の指導者らの思想に共鳴していました）。ですから、『資本論』初版の出版、ロシア革命、一九六八年革命というのは、一本の赤い糸で結びついて、一個の世界史的時代を形成したと言えます。そして、一九六八年革命の敗北こそが、その十数年後に新自由主義的反革命の発動をもたらし、それがついにはソ連の崩壊へと結びついて、その後の新しい歴史的時代をつくり出したと言えます（後述）。

『資本論』の出版とロシア革命という二つの巨大な火山による爆発とそこからあふれ出した溶岩がつくり出した社会的景観は、ソ連の崩壊によってもなくなっておらず、今なお世界全体の相貌を構成しつづけています。新自由主義はこの景観を逆戻りさせようと必死でがんばっているわけですが、しかし、それは今なお部分的にしか成功していません。『資本論』という理論的火山とロシア革命という実践的火山とがつくり出した世界的状況というのは本質的な点では不可逆的なものであり、われわれの生きている世界を規定しつづけていると言うことができます。

今日は『資本論』とロシア革命という最初の二つの事件を基軸にしてお話をしたいと思います。

1、『資本論』の時代的・地理的背景

時系列的に言うと『資本論』から話が始まるわけですが、『資本論』の中身についてお話しする前に、まず『資本論』がどういう時代に登場したのかということを確認しておきたいと思います。日本の『資本論』研究というのは基本的に『資本論』の解釈学になっていて、『資本論』が生まれた時代的な背景やその位置づけについてはほとんど議論されていません。そこで今日は最初にそこから話をすることにします。これは実は直接ロシア革命ともつながっていく話でもあります。

時代的枠組み

マルクスが『資本論』の執筆準備を始めるのは、一八四八年革命と呼ばれるヨーロッパ規模で起こった革命が敗北した後の一八五〇年代になってからのことです。かの有名なウォーラーステ

インはこの一八四八年革命を「最初の世界革命」と呼んでいますが、イタリアのナポリから始まったこの革命は、革命の都であるフランスのパリへと波及し、そこからドイツのベルリン、オーストリアのウィーン、そしてハンガリー、ボヘミア、ポーランド、ガリチア等々へと波及し、ヨーロッパのほとんど全域を覆う革命となりました。マルクスとエンゲルスも、『新ライン新聞』というのを創刊して、少数派ながらこの革命の一翼を積極的に担います。しかし、この革命は、その政治的主体たるべきブルジョアジーの政治的臆病さゆえに、また新しい担い手である労働者階級がまだあまりにもわずかで未熟であったために、結局敗北し、両名ともイギリスに亡命することになります。エンゲルスはマンチェスターで父親が経営していた会社に就職し、親の手伝いをして生計を立てます。マルクスはロンドンに居を定め、そこから有名な大英博物館に通って、膨大な経済学の文献を読み、ノートに書き抜き、本格的な経済学研究を開始します。

マルクスが後に『資本論』へと結実する研究を行なったこの時期というのは、イギリス共産党の有名な歴史家であるエリック・ホブズボームが「革命の時代」と「帝国の時代」に挟まれた「資本の時代」と呼んだ時期にあたります。

ホブズボームは一八世紀末のフランス革命から二〇世紀初頭の第一次世界大戦の勃発直前にまでいたる時期を「長い一九世紀」と捉えています。厳密には、一九世紀というのは一八〇〇年から一八九九年までなのですが、ホブズボームは政治的・社会的には、一九世紀は一七八九年のフランス革命から始まり、一九一四年の第一次世界大戦勃発直前まで続いたとみなしています。ちなみに、その後、彼は「短い二〇世紀」史も書いていて、それを「極端な時代」と呼んで、第一次世界大戦勃発からソ連の崩壊までをそれに当てています。つまり、二〇世紀は前後一〇年ずつぐらい短くなって約八〇年が「短い二〇世紀」で、逆に一九世紀は前後一〇年ぐらいが長くなって、一二〇年が「長い一九世紀」と捉えられています。

そしてホブズボームはこの「長い一九世紀」を三つの時代に分けています。第一期が、一七八九年のフランス大革命から一八四八年革命前夜までの「革命の時代」です。この時代は、ブルジョア革命と産業革命という二重の意味での「革命」の時代だとホブズボームは言います。第二期が、一八四八年革命から一八七〇年代半ばまでの「資本の時代」です。一八四八年革命は確かに敗北しますが、ブルジョア的発展にとって必要な諸条件がかなりの程度獲得されるので、それ以降、産業資本が繁栄をきわめ、大陸を制覇する時代です。そして、この「資本の時代」においてて、おおむねヨーロッパの中心諸国では強力な統一した国民国家がつくり出されます。それ以前には基本的にイギリスとフランスだけが統一した国民国家であって、他は半封建的な王朝支配の下でばらばらな諸邦や諸国家に分裂していて、隣接する大帝国の支配を受けているか、あるいはより直接にこれらの大帝国の中に併合されていました。とくにドイツとイタリアはばらばらの諸邦や小王国に分かれていて、それぞれロシア帝国とオーストリア帝国の支配的影響力のもとにありました。両国において統一した国民国家をつくり出し外国の支配から離脱することは最も重要なブルジョア的課題の一つだったわけです。それが、この「資本の時代」において、ドイツ（ただしオーストリア地域を除く）とイタリアでそれぞれ上からの国家統一がなされ、中央集権国家がつくり出され、国内市場が統合されていくわけです。統一した国内市場を獲得することで大いに繁栄した各国資本は、次には、この中央集権国家の助けを借りて、やがて海外に目を向けはじめます。こうして一八七〇年代後半から「帝国の時代」に入ります。そしてこの「帝国の時代」が最終的には、一九一四年に最初の帝国主義戦争である第一次世界大戦の勃発に行き着くのは、みなさんもご存知のとおりです。そしてここからはもう「二〇世紀」ということで、一九世紀の枠組みからは離れるわけです。

したがいまして、『資本論』が準備され書かれ出版される時代（初版は一八六七年、第二版は一八七二年、フランス語版は一八七二〜七五年）というのは、「革命の時代」が終わってから、「帝国の時代」が始まるまでの時期、すなわち一八五〇年から一八七五年までの二五年間であり、それは「資本の時代」であるとともに「資本論の時代」でもあったと言えます。英語では「資本」も「資本論」も同じ「Capital」であり、ドイツ語ではどちらも「Kapital」ですから、ホブズボームはこのダブルミーニングを込めてこの時期を「資本の時代」と呼んでいるわけです。

まずは、このような二つの時代に挟まれた枠組みの中で『資本論』が準備され書かれたということが、『資本論』の時代的背景として押さえておくべき事実です。この時代は、資本主義の一般理論を構築することができる程度には十分に資本主義は発達していたが、それと同時に、労働運動内に強固な日和見主義の潮流を生み出すほどには発達していなかった時代でもあるということです。マルクスがもし歴史的にもっと早く生まれていたら、資本主義の一般理論を構築するほど資本主義は発展していなかっただろうし、もっと遅く生まれていたら、労働者階級の中に有力な日和見主義の潮流が生まれていただろうから、資本主義の発展とともに労働者階級も発展していって、収奪者が収奪される弔鐘がまもなく鳴るというかなり楽観的な展望を描き出すこともなかったでしょう。両方の時期に挟まれた時期にマルクスという世紀の天才が生まれ、それが『資本論』という著作を書いたことこそが、その後の歴史を大きく変えていくことになります。

地理的枠組み

次に世界地理的な、あるいは地政学的な枠組みを考えてみますと、ここでも二つの地理的存在に挟まれた特殊な地理的状況というのが見えてきます。マルクスはドイツ――当時はプロイセンですが――に生まれた人ですが、このプロイセンという国そのものが、二重革命の時代におけるブルジョア革命の祖国フランスと、もう一つの産業革命の祖国であるイギリスとに挟まれた国であったということです。「挟まれた」といっても、文字通り地理的に挟まれているわけではありませんが、地政学的に言えば、斜め上にイギリスがあり、西にフランスがあり、ドイツはこの二つの国のそれぞれの影響を強く受けながら近代に入るわけです。

とくに、マルクスが生まれ育ったライン地方というのは、ナポレオン時代は一時的にフランス領に編入され、ブルジョア民主主義の洗礼を受け、プロイセンの中では非常に先進的な文化や考えというものがある程度芽生えていた地域です。しかしながら、ナポレオンが敗北し、一八一五年にウィーン体制が確立されると、プロイセンに割譲され、プロイセンの古い専制体制の下に置かれます。すると一時的にナポレオン時代に受けた自由の雰囲気と、圧倒的に専制で貴族的なプロイセン体制のくびきとの間の矛盾というものが人々に痛感されることになります。とくに当時の若い世代にとってはそうで、このことが、この世代を非常に急進化させる大きな原動力になります。さらに、ライン地方はそれ以前から工業の中心地でもあり、プロイセン編入後もプロイセンの工業中心地として栄えており、労働者階級というものが本格的に登場する基盤となった土地でもあります。

しかし、これだけなら、この若い世代は単にブルジョア急進主義者になっただけに終わったでしょう。それと同時に、もう一つ重大な革命である産業革命の祖国がすぐ斜め上のイギリスにあって、そこではとっくにブルジョア革命の時代を歴史的に卒業し、その後、産業革命を経て急速な資本主義的発展を遂げていました。そしてその資本主義は労働者の非常に悲惨な現実を生み出しており、このことは、マルクスらの若い世代に、ブルジョア体制ないし資本主義というものがけっして最終的な理想状態ではないということを十分強く印象づけたわけです。

若いエンゲルスは一八四五年に『イギリスにおける労働者階級の状態』という名著を出版するわけですが、この一八四〇年代や五〇年代、あるいはそれ以前の一八二〇年代や三〇年代のイギリス資本主義というのは、労働者階級の極度の貧困をつくり出していた時期でもありました。実を言いますと、その後、イギリスでは、労働者階級自身の闘争のおかげもあって、労働者の状況もしだいに改善されていくわけですが、まだ四〇年代や五〇年代にはそうした改善はほとんど見られず、とてもではないけど資本主義を理想化することができるような状況ではありませんでした。

このような二重性、すなわち、それぞれ二つの異なった革命を代表する二つの国に挟まれた状況というものが、『資本論』を生み出す地理的背景になっています。

最後のブルジョア革命と最初のプロレタリア革命

歴史的な背景についてもう一つ言っておきますと、実はこの「資本の時代」というのは同時に、歴史的に異なった段階にある二つの革命の時期に挟まれた時代でもありました。先に述べたように、ホブズボームは、フランス革命に始まる「革命の時代」を一八四八年革命の直前で終わらせているわけですが、実はこの一八四八年革命というのは、ヨーロッパにおける最後のブルジョア民主主義革命であると言っても過言ではありません。もちろん、その後も、散発的にはブルジョア民主主義革命のようなものは起こるわけですが（たとえば一八六〇～七〇年代のスペイン革命や一八六三年のポーランドのクラクフ蜂起）、「革命の時代」に見られたような爆発力や急進性というものは発揮しないで終わります。その意味で、本格的なブルジョア民主主義革命としてはこの一八四八年革命が最後になります。そしてこの最後のブルジョア革命において、ブルジョアジーないし小ブルジョアジーは非常に政治的な臆病さを示し、かつてのフランスのジャコバン派が示したような急進性や政治的大胆さを何ら発揮せずに、状況によって権力へと押し上げられたにもかかわらず、逃げ出した君主や貴族と妥協し、結局、最終的に権力を旧体制勢力に譲り渡してしまいました。

こういう状況をマルクスやエンゲルスは『新ライン新聞』という彼ら自身が当時出していた新聞の編集部の窓から間近に観察していました。このようなブルジョアジーや小ブルジョアジーの臆病さは二人に強烈な印象を与えます。そして、それから二〇年以上後の一八七一年に最初のプロレタリア革命と呼ばれているパリ・コミューンが起こります。このときパリの労働者階級は、ベルサイユを拠点とするフランスのブルジョア権力のみならず、迫り来るプロイセン軍を前にして一歩も引くことなく、パリにおいて権力を獲得し、パリの運命を自らの手中に握るという政治的大胆さを発揮します。このことがどれほどマルクスに強い印象を与えたかは、パリ・コミューン鎮圧後に書かれた『フランスにおける内乱』でつぶさに知ることができます。

つまり、『資本論』が準備され執筆され出版された時期というのは、最後のブルジョア革命と最初のプロレタリア革命とに挟まれた時期でもあります。これは非常に象徴的です。このことが『資本論』の叙述に何か直接的な影響を及ぼしたかどうかはわかりませんが、しかし、後でロシア革命を歴史的に位置づける上で、最後のブルジョア革命である一八四八年革命におけるブルジョアジーの臆病な振る舞いと、最初のプロレタリア革命であるパリ・コミューンにおける労働者階級が示した大胆な振る舞いとの強烈な対照性は非常に重要な意味を持ちます。つまり、「革命の時代」にブルジョアジーや小ブルジョアジーが持っていた政治的急進性や行動における大胆さというものがしだいに失われ、そうした急進性や大胆さが二〇年後には労働者階級によって引き継がれたということ、このことはこのパリ・コミューンの四〇年後に起きるロシア革命において決定的な意味を持つことになります。

パリ・コミューンというのは普仏戦争でのフランス側の敗北をきっかけに起こるわけですが、フランスのボナパルト政権は貴族的・専制的プロイセンとの戦争で敗北し、失脚してフランスを追われ、パリで共和制が宣言されるわけです。そしてこの共和制が宣言されるやいなや、ブルジョアジーはプロイセン軍を恐れてパリから逃げ出し、革命のパリをプロイセンに売り渡そうとします。そのため労働者階級が自ら共和制の防衛のために決起して、自らの手に権力を握らざるをえなくなったわけです。そして、労働者の権力に驚いたフランスのブルジョアジーは、ついさっきまで戦争していた専制的プロイセン国家と手を結んで、パリ・コミューンに対する徹底した弾圧と攻撃を行ない、一週間の戦いの末コミューンをたたきつぶします。このときコミューン側に三万人もの犠牲者が出たと言われています。

このように、もはやフランスのブルジョアジーでさえ共和制のために戦い抜くことができず、本来はブルジョア的課題である共和制を実現し防衛するためには、単なるブルジョア共和制の段階にとどまることができず、労働者階級とそれを代表する社会主義者たち（その多くはマルクス派ではありませんでした）が権力をとらざるをえないということ、このことをはっきりと示したのが、このパリ・コミューンだったわけです。この論理がもっと大規模な形で展開されるのが後のロシア革命です。

「上からの革命」の時代

では、この最後のブルジョア革命と最初のプロレタリア革命とに挟まれた時期というのはどういう時期だったかと言いますと、一八七〇年代にエンゲルスが振り返った言葉で言いますと、それは「上からの革命」の時代であり、さらにそのずっと後にイタリアのマルクス主義者グラムシが「獄中ノート」で使った言葉によりますと「受動的革命」の時代ということになります。

エンゲルスは主にドイツを念頭に置いて「上からの革命」と呼び、グラムシは主にイタリアを念頭に置いて「受動的革命」と呼んだわけです。このドイツとイタリアこそ、ヨーロッパ革命の心臓であるフランスと並んで、一八四八年革命において最も重要な舞台となった国です。すでに述べたように、どちらも当時は、諸邦ないし諸王国にばらばらに分裂したミニ君主制国家の集合体であり、これらの断片を統合して、フランスのような統一された共和制的国民国家をつくり出すということが革命の最大の課題でした。しかしどちらにおいても結局革命は敗北に終わり、本来は、下からの民衆革命を通じて統一国家をつくり出すべきだったのに、そうはなりませんでした。この課題の実現は、その後の二〇年間に、これらの諸断片のうち最も強力な君主制国家が戦争や併合を通じて周囲の諸国・諸邦を吸収していって国民国家を形成していくという経路をたどることになります。マルクスとエンゲルスはこの事態を、革命を鎮圧した旧支配層が「革命の遺言執行人」になったと表現しています(1)。つまり、旧来の支配層の中の開明的政治家、すなわち、プロイセンのビスマルクやサルデーニャ王国のカヴールという人物がイニシアチブをとって、ブルジョア革命の課題の一つである、封建的分断状態を克服して統一した強力なブルジョア的国民国家をつくり出すという課題を果たしたわけです。

このようにして、「下からの革命」ではなく、「上からの革命」を通じてブルジョア的課題が解決されていった時代というのが、『資本論』が書かれた時代でもあるわけです。このことは後でまた重要な意味を持ってきます。

ちなみに、二つの「下からの革命」に挟まれた「上からの革命」の時代というのは、下からの革命運動は起こっていませんから、マルクスは大英博物館に通って十分に経済学を研究し、膨大な草稿を書き上げるだけの政治的「平穏さ」があったということでもありますから、この点でも、この時代の特殊性は『資本論』の執筆に影響を及ぼしています。実際、下からの運動の復活が一八六〇年代に起こるようになると、マルクスは国際労働者協会の指導者としてその運動に巻き込まれてしまい、ぎりぎり『資本論』第一巻を仕上げることができましたが、結局、それに続く諸巻を仕上げることはできませんでした。

2、資本主義の「五つの限界」と『資本論』

次に『資本論』の中身に入ります。しかし、『資本論』の内容に詳しく入ると、それだけでこの講座をあと五回はやらなければならなくなりますので、『資本論』の全体像、それが何を明らかにしようとするものであったのかについて簡単に説明することにとどめておきたいと思います。

『資本論』の目的

『資本論』の序文でマルクスは、この本の目的は資本主義的生産様式の運動法則を明らかにすることであると書いています。マルクス自身の言葉で言えば、「近代社会の経済的運動法則を明らかにすること」です(2)。したがって、『資本論』とは何のために書かれた書物なのかという問いに対して一般的に答えるとすれば、それは資本主義社会あるいは近代社会の運動法則を明らかにすることであると言うことができるし、これは間違いではありません。試験問題でこういう答えを書いてきた生徒がいるとしたら、私は丸をつけるでしょう。しかし、実際には、『資本論』は単に資本主義社会の運動法則を解明することを目的とした書物ではありません。そうではなくて、『資本論』は「資本の限界」、より正確に言えば資本というシステムの歴史的限界を明らかにすることを目的とした書物です。当時はまだ「資本主義」という言葉が存在していなかったので、「資本主義の限界」という言い方をマルクスがしているわけではありませんが、資本というシステムの歴史的限界を明らかにすることをその究極目標とする書物であると言うことができます。

ちなみに宇野理論では、あたかも資本主義が永遠に続くかのごとく叙述することを原論の課題としているようですが、少なくともマルクスの『資本論』はそうではありません。その正反対です。あくまでも資本というシステムの内在的限界(矛盾は言うまでもなく)を暴露すること、これこそが『資本論』の目標だったわけです。単にあれこれの矛盾を指摘するだけでは、資本主義の限界を言うことはできません。そうした諸矛盾の複合的な結果として、資本というシステムの内在的諸限界を明らかにすること、その永遠性を否定すること、これこそがこの著作の究極目標であり、その主要な課題だということです。

では、システムとしての資本、あるいは資本主義の限界とは何か？ ここでは代表的なものとして五つの限界を挙げておきたいと思います。以前の講演(本書の第1章)では「四つの限界」

と言いましたが、ここでは五つ紹介したいと思います。この五つというのも確定的なものではなく、代表的なものとして五つを挙げたとお考えください。これらについても一つひとつ詳細に説明すると膨大になるので、ごく簡単に説明しておきます。

労働と蓄積の限界

まず一番目が「労働と蓄積の限界」です。これはおおむね『資本論』第一巻の内容に即しています。資本主義というのは、それを構成する各個別資本が最大限の利潤を果てしなく追求していき、それを絶え間なく蓄積していくシステムです。こういう利潤ないし価値の無限蓄積運動が資本というシステムの本質であり、その最も基本的な運動原理です。ヘーゲル的に言えばこれが「資本の概念」であると言うことができます。

このことは、マルクスの時代から一五〇年ぐらい経った今日のきわめて高度に発達した資本主義にも当てはまりますし、その現実についてはみなさんもご存知のとおりです。今日の資本が獲得している富の量は、マルクスの時代のたぶん数千倍か一万倍ぐらいになっていると思いますが、それでも資本は満足せず、ますます多くの富、価値、利潤、資産を溜め込もうと必死になっており、さらには税金を払うことさえ回避して、タックスヘイブンなどに何百兆ものお金を隠し持っています。お金というものは本来何らかの使用価値を購入しそれを享受するために存在するはずなのですが、資本というのはお金のためのお金、お金を増やすためのお金をひたすら蓄積していくという運動体であり、その意味ではウルトラ無意味なことをひたすら追求している存在なのです。使用価値としての具体的な富ではなく、価値としての、貨幣としての抽象的な富（それがドルで表示されるのであれ、ビットコインという仮想通貨としてであれ）をひたすら銀行口座やその他の口座や帳簿に蓄積（記録）していくそういう運動体です。

したがって、それ自体としては、資本の運動というのは社会的に無意味なことをしているものでしかありません。サン＝テグジュペリの名作『星の王子さま』で、王子さまが資本家の星に行ったときに、ひたすら自分の財産を数えそれを記録している資本家に向かって、「あなたは何の役にも立っていないね」と言いましたが、このセリフは資本の本質をずばり突いています。それにもかかわらず、マルクスが『共産党宣言』で描いたように世界全体の姿を変えてしまうほどの巨大な力を資本が持つようになったのはなぜなのでしょうか？　それは、この運動体が歴史のある一定の時点で、社会全体の土台である生産過程をわがものとし、それを支配したからです。富そのもの、価値そのものを作り出す過程を支配したことによって、この運動体は、他者に寄生するウィルス的存在ではなくなり、それ自身が生産の編成者、組織者となったのです。そして、無限の貨幣蓄積運動であるこの運動の本質に基づいて、生産それ自身も、無限にその規模を拡大し、不断にその能力（生産力）を高めるものへと作り変えられました。価値というのはそれ自体としては生産しえず、使用価値としてしか、より正確に言えば、使用価値に埋め込まれたものとしてしか生産できないので、それによって富そのものが巨大な規模で生産されることになり、ある一定の限界内で人々の生活も途方もなく豊かになり、このことがこのシステムを社会的に正当化する根拠にもなりました。

では、このような価値の蓄積、資本の蓄積がいつまでも永遠に持続可能なのかというと、そうではないというのが、マルクスが『資本論』で明らかにしようとしたことです。価値というのは究極的には労働に由来します。「究極的に」と言ったのは、今日の金融資本主義においては錬金術的に価値を数字的に膨張させることができるからです。金融市場での操作を通じて、『資本論』で言うところの「架空資本」ないし「擬制資本」、すなわち富の実体を持たない文字通りの抽象的資本を形式的に増大させることが可能であり、今日ではこの架空資本が天文学的な規模になっています。これが本質的に「架空」であるのは、彼らが口座や帳簿の上で積み上げているこの莫大な「資本」を商品市場において何らかの現実の価値に転化しようとすれば、たちまちこれらの資本の「価値」が暴落してしまうからです。

このように巨大な架空資本が蓄えられているとはいえ、価値の究極的な実体、その土台となるのはあくまでも労働です。労働がつくり出した価値をいかに金融操作によって擬制資本として膨らませようとも、その根本においてそれは人々が行なう労働にもとづいており、したがって、人間にとっての絶対的資源である時間によって尺度されるものに他なりません。資本の実体が究極的には労働に基づいており、そしてこの労働がけっして無限ではない以上、あるいはそれを行なう主体である労働力が無限でない以上（もし本当にそれが無限であれば、それは空気と同じく価値を持たず、したがって資本も存続できない）、資本の蓄積にも限界があります。資本はこの限界を突破しようとして、労働時間をできるだけ延長し、労働強化をしようとしますし、また、より多くの労働を求めて女性や子供や老人まで労働者にし、さらには世界中に資本を展開して、あらゆる所から労働力を獲得しようとします。

しかし、労働時間にも労働強度にも、また労働者の数そのものにも限界が存在するし、労働者がより自覚的に闘うことによって労働時間を制限したり、強度を制限したり、労働年齢を制限したりすることができれば、なおのことこの限界は狭くなります。そして、労働そのものに限界があるだけでなく、それを搾取する方法、メカニズムにも限界があり、それを蓄積していくメカニズムにも限界があるというのが、マルクスが『資本論』一巻で明らかにしたことです。この話をこれ以上深めるとまた膨大になるので、次に進みます。

市場と実現の限界

資本の第二の限界は「市場と実現の限界」です。これは主として『資本論』の第二巻にかかわる論点ですが、後でも触れるように第三巻とも関連しています。

先にも述べたように、資本という存在は生産過程における価値の生産にもとづいています。そこでは純粋に価値を価値として生産することはできないので、使用価値の生産という回り道をしてそうする必要があります。しかし、これはまだ生産という領域しか見ていません。いくら資本の究極的根拠が労働だといっても、労働そのものを蓄積することはできませんし、あるいはまたその労働がつくり出した生産物については、たしかに蓄積することは可能ですが、それは単なる生産物の山になるだけであって、価値を蓄積したことにはならないからです。金《きん》の混じった大きな岩の塊から（膨大な時間と作業を費やして）金を取り出さなければ「金《きん》」にならないように、具体的な使用価値の中に埋め込まれている価値を取り出さなければ、それを蓄積することはできません。ではどうするのか？　価値を含んでいる何らかの具体的な使用価値を市場で販売し、それと交換に貨幣を手に入れることによってです。貨幣こそ、商品に埋め込まれている価値が物体化したものです。商品を市場で販売して、その価値を実現することによってはじめて資本家は価値を手に入れることができます。市場で実現されない商品の山は単なる在庫であって、資本家を富ますどころか、在庫管理費を増やすだけで、資本家を逆に貧しくします。商品はあくまでも市場でその価値が実現されて初めて、資本家にとっての富になるのです。

ところがこの市場には、あるいは市場における価値実現には深刻な限界があります。生産過程で生産すればしただけ、それをそのまま価値実現してくれるような、無限の市場というものは存在しません。そこには多くの限界、制約、制限が存在します。特定の商品に対する市場にはそれぞれ特殊な限界が存在するというだけでなく、総需要に関しても大きな制限があります。さらに、この需要は均質的なものではなく、買い手が労働者であるのか資本家であるのか、あるいはそれ以外であるのかに応じてそれぞれ独自の階級的限界があります。

資本はこうした諸制限を突破しようとして、市場を絶え間なく空間的にも時間的にも拡大しようとします。このような試みが資本主義の非常に重要なダイナミズムをつくり出します。市場を空間的ないし地理的に拡大するというのは、比較的理解しやすい事態です。つまり、国内においては、資本は一国全体を資本主義的な生産と流通の網の目に統合することで、国内市場を作り出そうとするし、さらに一国の限界を超えて、国家そのものを膨張させるか（帝国化）、あるいは国外に市場を求めて国際的に資本を展開していきます（多国籍化）。その国外進出も最初は先進資本主義諸国の周辺地域がターゲットになりますが、やがて、交通・運輸手段の発達とともに、地球規模へと発展していきます。ちょうどマルクスが『資本論』を出版したころに、このような資本主義の拡張の波は横に向かっては東端の島国である日本にも達して、日本の資本主義化、世界市場への統合という事態に至ります。

このような地理的膨張の波は今日でも続いており、資本主義にとっての最後のフロンティアであるアフリカが現在、資本主義的開発の主要な舞台になっています。アフリカへのヨーロッパ資本の進出はもちろん、一九世紀末から二〇世紀初頭にかけての植民地獲得競争の時代にも見られたものですが、当時はまだその包摂は形式的で表面的なものでした。今日ではそれはもっと深くまで達しています。単に植民地化して資源や労働力を奪い取るという段階を超えて、アフリカに本格的な資本主義的市場を作り出すことが目指されています。つまり今日の東アジアや南アジアにおけるような新興資本主義国家群がつくり出されようとしているのです。このアフリカ争奪戦には欧米の多国籍民間資本だけでなく、中国の多国籍国家資本も参戦しており、これらの中国系企業は、中国の国家権力と国家資産の全面的なバックアップを受けて、欧米資本とのあいだで激しい競争戦を繰り広げています。このアフリカが最後のフロンティアですから、ここの市場が統合されてしまえば、地球にはもはや有力な地理的フロンティアは残っておらず、地理的拡大は限界に達します。

以上が地理的ないし空間的拡大であり、これは先に述べたようにビジュアル的に理解しやすいのですが、市場の拡大というのは時間的にも可能です。これが「信用」と呼ばれる操作です。いま、何らかの商品を買うお金が手元になくても、ローンを組んで、あるいは借金をして買いましょうというやり方です。これはいわば、現在の不十分な市場の代わりに未来の市場でもって現在の商品を実現することです。このような操作は資本主義が発生して以来（あるいはそれ以前から）存在した商品の実現方法であり、市場の限界の有力な突破方法なのですが、これが今日とんでもない規模になっているのはみなさんもご存知のとおりです。借金を通じて商品を買うのは何も個人だけでなく、企業もそうですし、何よりも国家や自治体がそうです。日本国家一つとったとしても、中央政府と地方政府をあわせると一〇〇〇兆円以上の債務が存在しています。つまりそれだけ未来の市場を先取りして、現在の市場不足を埋めているということですから、これは市場の時間的拡大になります。

二〇〇八年に起こった世界金融恐慌は、このような「市場の時間的・空間的拡大」のメカニズムが極端にまで進んだ挙句に破綻したものでした。個々人に借金をさせて住宅を買わせて住宅市場を膨張させ、さらにその借金を証券化して世界市場で売りまくって資金を還流させ、さらに住宅を建築するとともに、個々人に借金をさせて住宅を買わせるということが、大規模になされました。そのうち、とても住宅を買えないような貧困層にまでローンを組ませて家を買わせて、そうやってようやく住宅に対する「有効」需要をひねり出していたわけです。しかし、このやり方はやがて限界に達し、しだいに返済されない債務が多くなり、焦げつきはじめた債務をもとにした金融商品はリスク商品に転化し、それが世界中で売られてリスクが大規模に拡散され、こうしてやがてあの巨大な金融恐慌を引き起こしたのです。

マルクスの時代は現在ほど金融資本主義が発達していなかったし、債務を証券化するような手法も存在していなかったわけですが、それでも金融詐欺や信用による錬金術的な操作はすでに存在していました。とくにボナパルト時代のフランスがそうで、当時すでに大規模な信用を通じた経済的繁栄が起こりますが、膨張しすぎた信用が限界に陥って金融恐慌に転化するという、今日とよく似た事態がすでに生じており、マルクスはそれを同時代人として観察し、『資本論』において分析しているわけです。

資本そのものの限界(1)——古典派の説明

第三の限界は「資本そのものの限界」であり、これは主として『資本論』の第三巻で明らかにされている限界です。先ほども言いましたように、資本というのは絶え間なく利潤を追求することをその基本的な運動原理とし、それを究極の目標とする運動体です。したがって、利潤がほとんど得られないならば、資本は投資しなくなり、資本の運動は停止します。利潤の獲得こそが資本の生命力なのです。ところが、資本主義が発展すればするほど利潤率というものが下がっていく傾向が歴史的に存在します。それは現在のさまざまな経済学者によっても確認されており、だいたいにおいて利潤率が長期的に下がる傾向が存在することは統計的にある程度立証されていると言っていいでしょう。

利潤率が下がる傾向が存在するということは、実はマルクス以前から経済学者の間で知られていたことで、多くの経済学者はその理由を熱心に探求しました。経済学の父と呼ばれているアダム・スミス自身もすでに触れていますし、その後の、リカード、J・S・ミルも論じております。そしてマルクスも『資本論』第三巻において、かなりの頁を費やしてそれを論じています。多くの経済学者によってすでに一八〜一九世紀には、どうやら利潤率は下がる傾向にあるようだということが感知されていたんですね。問題は、なぜそういう傾向が存在するのかです。

アダム・スミスは、資本主義が発展すればするほど、競争しあう資本がどんどん増えていくが、それぞれの資本群が競争の舞台としている個々の市場には限界があるので、一種の値引き合戦が起こり、必然的に利潤率が下がるとみなしているわけです。これはいわば、資本の過剰による利潤率低下論であり、二番目の限界である「市場と実現の限界」論に依拠したものであると言えます。

これに対してデヴィッド・リカードは、そうした資本の過剰は特定の生産部門でしか起こらないのであり、それはその部門の利潤率を下げるかもしれないが、その場合資本はその部門から撤退して、より高い利潤率の部門に移動するだけであり、利潤率の部門間均等化の傾向を説明できても、全般的な利潤率の低下傾向を説明できないとして、この説を退けます（ちなみにリカードのこの立場は全般的過剰生産を拒否した論理と基本的に同じです）。

では、リカードはどのように利潤率の低下を説明するのか？　リカードは、資本主義の特徴を何よりも発達した工業に求めているわけですが、しかし、工業に原材料を提供しているのは農業部門であり、さらに工業生産において必要な労働者を養うのも農業生産物です（リカードは前者についてはほとんど無視していますが）。つまり、発達した工業の根底には農業が存在するわけです。では農業の生産性は何によって決まるかと言うと、当時はまだ今日のような機械化や化学肥料を大量に用いたり本格的な品種改良や大規模灌漑をともなった工業的農業は存在していませんでしたから、基本的には農地の絶対量と農地の肥沃度によって決まります。そもそも耕作に向く土地（温暖な気候、河川の近接、土の柔らかさや栄養の豊富さ、等々）は地球全体に存在する土地の一部にすぎませんから、農業生産の拡大には地理的な限界があるということになります。

ところが資本主義の発達とともに、労働者がどんどん増え、人口もどんどん増えていきます。われわれは、時間とともにどんどん人口というものは増えていくという常識を持っていますが、実際には、資本主義以前の社会ではほとんど人口が増えない状態が普通でした。それでも農業生産の発展と土地の拡大とともに人口は多少とも増大していきましたが、産業革命以前と以後とを比べると、人口増の伸びはまったく違うんですね。資本主義成立以降、世界の人口は幾何級数的に増大するようになります。リカードはちょうど人口カーブが急激に上向き始めた時期に活躍しました。同じ時期に有名なマルサスという人が登場して、この人口カーブを自然必然的なものとみなして、人口が農業生産力以上に増大するのだから、労働者が貧困化するのは当然であるという有名な人口論を唱えます。

リカードの理論も基本的にそれにのっとっています。すなわち、資本主義が発展するとともに労働者もどんどん増大するわけですから、農業への負担ないし人口圧力がしだいに大きくなります。最初は最も肥沃で農業生産にコストがかからない土地が農業用に用いられますが、やがてそれでは足りなくなり、より肥沃度が低いかその他の要因で農業にあまり向かない土地も耕作しないと、増え続ける人口を養うことができなくなります。そうすると、農業生産のコストがどんどん増大し、それに費やされる労働量も増大します。リカードは労働価値説を採っていましたから、その理論に基づけば、当然にも食料品の価値はしだいに上がっていきます。労働者に払う賃金の大部分は当時は食料品の購入に向けられていましたから、労働者の賃金も増大することになります。こうして結局、労働者の賃金はどんどん増大するというのがリカードの理解です。そしてリカードは、労働者が生み出した価値が利潤と賃金とに分割されるという一種の剰余価値説を採っていましたから、賃金が増大すればそれだけ利潤は減っていき、したがって利潤率は全般的に下がるのだと説明しました。これはスミスの説明よりもはるかに理論的であり、また労働価値説と一種の剰余価値論に立っていたわけですから、かなり説得的な側面を持っていました。

しかし実際には、当時は農業に使用可能な肥沃な土地がまだ世界にはたっぷりと残っていましたし、また農業の機械化や化学肥料の大規模利用による農業生産性の飛躍的増大がまだ行なわれていなかったので、この時点でのリカードの議論は十分に妥当するものではありませんでした。とはいえ、このリカードの議論は長期的視野で見ればけっして間違っていません。たとえば先ほど述べたアフリカを舞台にした競争戦、とりわけ土地争奪戦（ランドグラブ）には、持続可能な農地を今から確保しておくという面があります。とくに中国は莫大な人口を抱えていますから、国家的なプロジェクトとしてアフリカその他の地域で農業可能な土地を次々と買収しています。つまり、リカードの議論は、当時にあってはあまり妥当しませんでしたが、今日においては大いに意味を持っており、これはいわば、後で説明する資本の第四の限界たる「資源と環境の限界」に依拠した利潤率低下論であると言うことができるでしょう。

さらに、リカードの弟子に当たるJ・S・ミルは基本的にリカードの議論を受け継ぎつつも、もう少し精緻に議論しています。ミルは、資本主義の発展とともに人口が増えない場合と人口が増える場合に分けて議論します。資本主義の発展と比例して人口が増えない場合、あるいは停滞する場合は、当然、資本の増大とともに増大する労働力需要を満たすことができないので、賃金は上昇し、したがって直接に利潤を低下させます。ミルは、資本構成の高度化による労働力需要の相対的逓減という理論を拒絶していますので、資本の発展に応じて労働人口が増えない場合には、当然にも賃金が高騰し、直接に利潤を低下させるわけです。これは利潤率の直接的低下論であり、いわば資本の第一の限界である「労働と蓄積の限界」に依拠した利潤率低下論であると言えます。

それに対して人口が増大する場合はどうか。この場合は、資本主義の発展とともに増大する労働需要は満たせるけれども、今度は、リカードの農業生産性の逓減論に基づいて、食料品価格が人口の発展とともに上昇するので、結局回り道をして賃金が高騰し、利潤率が下がることになります。これは利潤率の間接的低下論です。

ミルの議論がすぐれているのは、このようにして資本の内在的傾向を明らかにした後で、今度はそれに反対に作用する諸要因（恐慌による既存価値の破壊、生産力の上昇による特別利潤の獲得、新しい生産部門の開拓、等々）を列挙して、利潤率というのは機械的に低下していくのではなく、このような反作用を受けて、繰り返し中断されたり一時的に上昇したりするジグザグの軌跡を描いて長期的に低下する傾向があることを事実上明らかにしたことです。これは『資本論』でマルクスが採用した論理展開の筋道とも共通しており、明らかにマルクスはミルから影響を受けています（しかし、『資本論』第三巻の当該箇所ではそのことに触れられていません）。しかし、利潤率低下のメカニズムそのものは基本的にはリカード理論の枠内にあります。

資本そのものの限界(2)——マルクスの説明

以上の議論に対してマルクスは、いやそうではない、資本が利潤をできるだけ獲得するために生産性を上昇させようとするその運動そのものが利潤率を引き下げるのであり、これは資本そのものが資本にとっての制限になっているのだと説明します。

まず価値を生み出すのは労働です。労働者が生み出した価値のうち、労働力価値を補填する部分以外はいわゆる剰余価値になり、これが利潤の根源となります。この剰余価値が一単位あたりの資本に占める割合が、いわゆる利潤率です。剰余価値と賃金とを直接比較したものが剰余価値率ですが、利潤率はそうではなくて、ある一単位の剰余価値を得るのに必要だった資本の総額が問題になります。この資本の総額はいわゆる可変資本と不変資本によって構成されています。可変資本は労働力に投下された資本であり、不変資本はそれ以外の生産財、すなわち原材料や機械や工場やオフィスビルなどに投下された資本です。資本主義が発展するとともに、当然、労働生産性が上昇し、生産力が上昇します。

労働生産性というのは、一単位あたりの財の生産に必要な労働量が下がることですから、当然、労働生産性の上昇とともに、総資本に占める可変資本の割合は下がっていきます。これが、マルクスが『資本論』第一巻で解明した「資本の有機的構成の高度化」論です。剰余価値は基本的にはこの可変資本、すなわち労働力からしか生まれないわけですから、資本構成の高度化に伴って当然にも、資本全体に占める剰余価値の割合は下がっていきます。剰余価値率が多少増大したとしても、それは一時的なものです。なぜなら、剰余価値率の上昇も労働そのものに限界があるがゆえに限界づけられており、明らかに労働生産性の上昇と同じスピードで上昇することはできないからです。

したがって、利潤率の低下は、資本の運動それ自身が生み出す生産力の増大そのものによって生じるということであり、それは優れて内在的な限界だということです。リカードのように賃金が上がるから利潤率が下がるのではなくて、たとえ賃金が上がらなくても、資本全体に占める剰余価値の割合が下がることによって利潤率は下がるとマルクスは説明したわけです。これは理論的にはかなり説得的な説明であると言えます。

しかし、では他の利潤率低下の原因論を投げ捨てていいかというと、そうではないというのが私の考えです。「市場と実現の限界」に依拠したスミス的低下論も、「資源と環境の限界」に依拠したリカード的低下論も、「労働と蓄積の限界」に依拠したJ・S・ミル的低下論も、低下論を構成する諸要素と考えていいのです。原因を一つと考える必要はなく、資本というシステムが持っている種々の制限ないし限界から、利潤率の低下という「資本そのものの限界」もまた生じるのだと考えたほうが、より説得的で、立体的で、複合的な理論を構築することができるでしょう。

この「利潤率の傾向的低下論」についてもう一つだけ補足しておくと、日本にも欧米にも、この法則に異常に固執し、ほとんどこれ単独で、あるいは少なくともこれを究極的な根拠として、資本のシステム的限界のみならず、周期的な恐慌をも説明しようとする学派が存在します。これは明らかに還元主義的行き過ぎであり、資本の持っている他のさまざまな諸矛盾や限界にどうしても無関心になりがちです。他方で、この法則の存在そのものを否定する人々も大勢います。私の立場はそのどちらでもなく、利潤率の低下傾向はシステムとしての資本が有している諸限界の（あくまでも）一つであるというものです。

資源と環境の限界（自然の限界）

次に四番目の「資源と環境の限界」についてです。これについては多くの著作や論文が書かれていますし、みなさんも日々、地球の温暖化や石油資源の枯渇について聞いているでしょうから、ここでは、「水」という貴重な資源の限界についてのみ一言しておきます。

実は、人間にとって最も重要な資源は石油でも石炭でもなくて、水そのものです。ちなみに資源小国の狭い島国である日本がここまで繁栄できた大きな理由は、山岳国であったおかげで水という最も重要な産業的資源が豊富に存在したからです。

地球の外から見ると地球は青く見えるぐらい、地球には大量の水が存在していますが、実はその多くは海水、すなわち塩水であって、飲料用や農業用に用いることのできる淡水ではありません。飲料や農業に用いることのできる水は、地球上にあるすべての水の一％程度しかありません。そして、農業や飲料用の水の四割ぐらいはさらに地下水に頼っています。地下水にたまった水というのは、氷河期などを通じて何万年、何十万年もの歳月をかけて作られた自然の貯水池であり、本来は全人類の共同財産であり、全人類が平等に享受できるようにしなければならないものです。ところが、農業の資本主義化と産業化が急速に進行した二〇世紀初頭以来、農業資本家は、大規模な機械式汲み上げポンプとスプリンクラーを使って、大量にこの貴重な地下水を汲み上げて、本来は農業に向かない土地を灌漑して、大規模な商業的農業を行なってきました。

先ほど述べたように、農業に向いた土地というのは限られているわけですが、現代ではこのように巨大な灌漑施設を用いて、砂漠のような土地で無理やり農業をすることが可能になったわけです。典型的にはアメリカの中西部のステップ地帯において、日本の国土面積の一・二倍に相当する巨大地下水脈（オガララ帯水層）からどんどん水を汲み上げて、それをスプリンクラーで円形に撒いて灌漑し、その円形の土地で農業をするということが一九三〇年代から大規模に行なわれています。このようなかなり無茶なやり方で資本主義的農業が行なわれ、アメリカの農業生産を支えてきたわけです。しかしこの巨大な地下水脈は、このような資本主義的農業のためにどんどん水位を下げており、世界的な資源問題として研究者のあいだで深刻な懸念材料となっています。地域によって地下水の深さは異なるため、地下水が浅いところではすでに水を汲み上げることができなくなり、農業ができなくなり、農場は放置され、またたくまに元の砂漠に戻っています。地下水が深いところでも、水位が下がっていくにつれて汲み上げる場所がますます深くなり、深くなればなるほど費用がかかり、採算が合わなくなるので、やはり農業が維持できなくなり、農場が放棄されています。こうして貴重な人類的遺産である地下水を無尽蔵に費やして、資本主義的農業が行なわれているわけです。同じようなやり方で大規模な農業が行なわれている地域は、ヨーロッパ南部やインドやパキスタンなど世界各地にあり、どこでも地下水の枯渇が問題になっています。最近の研究者による調査によると、このままいくと、二〇五〇〜七〇年には、世界最大級の地下水であるオガララ帯水層も枯渇してしまい、それによって一八億人もの人々が食料危機に陥ると推測されています。

言うまでもなく、地球温暖化の影響もこれに劣らず深刻です。このまま地球温暖化が進むと、二二世紀には南アジアはほとんど人の住めない地域になると予想されています。無限に拡大し続けようとする資本の運動は完全に人類や地球環境と相容れない存在になりつつあります。

私的所有の限界

マルクスはこの「資本の限界」と同時に「私的所有の限界」についても語っています。より正確に言えば、資本が私的所有という社会的形態をとっていることの限界です。これは後にエンゲルスによって『空想から科学へ』でかなり簡略化された上で「資本主義の基本矛盾」として格上げされたわけですが、実際にはこれは資本が有する多くの限界の一つです。

これは具体的にはどういうことかと言うと、資本主義が成立した当初は、せいぜい数十人から数百人の労働者が雇われていたのが、その後、数千人、場合によっては数万人という規模の労働者が一つの個別資本のもとで働いています。こうして個々の大資本は、巨大な社会的富、財、資源を吸収・支配し、それらを加工・販売し排出する巨大な運動体になっています。そして資本家自身も、個々の自然人を担い手とする個人資本家から、株式会社のように一個の機構ないし組織が資本家の役割を担う法人資本に移行しています。つまりそれは、生産（や流通や排出）の規模からしても、個々の資本のあり方からしても、そしてそれがもたらす社会的・環境的影響からしても、すでに巨大な社会的存在になっているのです。

しかし、この社会的存在は、私的所有（個人資本家の所有としてであれ、株主や法人資本の所有としてであれ）という私的バリアのもとに囲い込まれていて、あいもかわらず、社会的目的のためではなく、利潤の最大化、資産の最大化という私的原理にもとづいて動いています。本来、すでにここまで巨大な社会的存在と化している運動体は、私的所有にもとづく利潤原理によってではなく、万人の福祉と安寧、あるいは持続可能な環境という社会的・公共的原理にもとづいて社会的に制御されるべきなのに、あいかわらず、株式会社（および株主と経営者）の儲けと資産を最大化することに汲々とする、とてつもなく狭くて時代遅れな私的・排他的原理に支配されているわけです。

自分の個人的利益を最大化するという個々人の利己的な振る舞いが、市場を通じて社会的に調整され、結果として万人の富と福利を増進させることができるというアダム・スミスの資本主義正当化論は、資本主義の最初の段階や、せいぜい中期段階においては認められたとしても、今日ではすでに説得力を完全に失っています。多国籍大企業の天文学的に巨大な利潤や資産をほんの数パーセント削ってそれを貧困対策に当てるだけでも、世界中の貧困問題を解決できるにもかかわらず、彼らはそれを拒否し、それどころかできるだけ税金を払わないようにして、資産や儲けをタックスヘイブンに隠し、個々の国家さえも財政危機に追いやっています。

他方で、社会的にどんなに意義のあることであっても、それが利潤をもたらさないならば、巨大な富と資産を抱えた大企業はそれに投資しようとはしません。

また、この私的所有のバリアは、特許権や著作権の無限定な設定による権利料の請求、土地や資源の独占によるレント（地代や採掘料）の収奪、という形でも表れています（詳しくは本書の第1章を参照）。とくに今日の情報化社会においては、何らかの情報通信手段の利用に関わるさまざまな支払い（携帯やスマホの使用料やデータ通信料、ネットゲームでの課金、等々）を通じて、これらの手段を支配する巨大多国籍企業は莫大な利得を稼いでいます。

もはや大企業という社会的存在と私的所有という狭い枠組みとのあいだの矛盾は、人類史的に許容できない限界に至っていると言えるでしょう。先ほど述べた水資源の浪費もその典型的な現われの一つです。巨大な社会的存在と化した多国籍企業をもはや私的所有という古い枠内に置いておくべきではなく、その圧倒的な社会性にふさわしい社会的所有と社会的コントロールのもとに置く必要があります。

資本主義の限界と『資本論』の限界

以上見たように、資本のシステムというのはさまざまな深刻な限界を持っています。そして資本は、これらの諸限界を絶えず克服しようと努力し、そのことが資本のきわめてダイナミックな運動を作り出してきました。そして、ある限界を突破すれば今度は別の限界にぶつかり、また別の限界を突破すれば、また別の限界にぶつかるというように、さまざまな限界にぶつかりながら、なおかつそれらを絶えず突破しようとする、そういう複雑な運動が、資本の現実的な存在形態なのです。

他方、こうした諸限界があるからと言って自然に資本のシステムが崩壊するわけではありません。ある資本、ないし資本主義国（現在の日本のように）が行き詰って、停滞したとしても、他の資本ないし資本主義国は躍進するかもしれません。資本主義が全体として停滞しても、その中ではいくらでも栄枯盛衰があるわけですから、局地的には上昇や繁栄の物語はいくらでも起こりうるわけです。したがって、資本のシステムはあくまでも内部から自覚的に転覆されなければならないのです。

マルクスは、『資本論』において、そのような転覆の主体となるのは、資本主義それ自身がつくり出す自らの墓堀人である労働者階級であると説明しています。『資本論』第一巻のラストの方でマルクスは、この労働者階級の階級的力量の発展に関してかなり楽観的に描き出しています。つまり、資本主義の発展と平行して、それにいわば比例して、労働者階級は資本の機構によって訓練され結合され組織され、その反抗も増大していき、ついには資本主義を転覆させることができるというのです。これは、その後の歴史を見ればわかるように、過度に楽観的な展望であったことは明らかです。

たしかに、マルクスの死後、西方において（とりわけドイツ）、マルクスが『資本論』第一巻のラストで描いたような、資本主義の発展とともに労働者階級も量的に成長し、質的にもよりいっそう団結し、その闘争能力を高めていき、さらには社会民主党という形で自らの政治的代表者をも議会に送り出し、さらに選挙ごとに議席を大幅に増大させていくという現象が見られました。エンゲルスの晩年にはすでにそういう事態が見られ、エンゲルス自身も資本主義没落のカウントダウンが始まったと考えていました。しかし、エンゲルス死後ただちに修正主義論争が起こっているように、こうした状況はしだいに西欧社会民主主義政党を体制内化させ、とりわけ労働組合運動出身者の幹部は改良主義で満足するようになっていく状況をも生み出したのです。資本主義の墓堀人たるべき労働者階級の政治的代表者たちは、しだいに資本主義の穴埋め人になっていき、資本主義のほころび、矛盾、亀裂を埋め、それらを繕う存在になっていきました。このことの悲劇的帰結が後の第一次世界大戦において劇的に示されたのは、みなさんもご存知のとおりです。

とはいえ、『資本論』が、資本主義の打倒と労働者階級の勝利に関してあのような楽観的展望を描き出したことは、その後、労働者階級およびその代表者たちを大いに鼓舞し、その後の現実の変革事業に大いに寄与したことは間違いないところです。

歴史的に画期的な著作というものは、その正しい面もそうでない面も含めて、その後の歴史に規定的な形で関わるのであり、しかも正しくない側面が必ずしもマイナスの影響を与えるとはかぎらないということを、この事実は示しています。

ところが、資本主義的発展の具体的な展開の中では、ある特殊な状況がある特殊な地域や国に生じ、それが資本主義そのものの転覆を部分的に引き起こす突破口になることもありえます。すなわち、資本主義の転覆を担いうるほどの力量を持った労働者階級がすでに出現していて、それでいながら、資本の側はこの階級を社会的に統合しうるほど発展しておらず、むしろ構造的にその能力が欠如しているような、そういう特殊な状況がある特殊な国に生じた場合、これは、全体としての資本主義の転覆には至らなくても、その特殊な国において資本主義の転覆をもたらすかもしれません。

このことは、直接、今日の講演の後半部であるロシア革命の話につながっていきます。西方における社会民主主義政党の体制内化の一方で、西方で構築されたマルクス主義の理論と運動の成果はロシアに輸出され、ロシアにおける資本主義の発展とともに、ロシア労働者階級の財産になっていきます。他方で、そのロシアにおいては、ツァーリ専制や外国資本に従属していたロシア・ブルジョアジーは労働者を社会的・経済的・政治的に統合する力量をほとんど発展させることができませんでした。この先鋭な矛盾が第一次世界大戦という決定的な試練の中で、歴史的に重大な結果を生むことになるのです。

3、「ブルジョア革命の時代」とロシア帝国の独自性

「2」で述べましたように、マルクスは『資本論』第一巻の最後の方で、資本主義の発展とともに、労働者階級も量的および質的に発展し、やがては資本主義の最後を告げる鐘が鳴るという予測をしました。長期的にはこのような展望は正しいと私も思いますが、中短期的にはそうとは言えません。なぜなら、マルクスが想定するように、資本主義の発達とともに労働者階級の数も増大し、結合し、訓練されるようになったとしても、そしてそれを背景にして労働者階級が階級闘争を盛んに行なうようになったとしても、そこからただちに、資本主義の打倒が必要であるとの認識にまで至るとはかぎらないし、そのような能力を発揮できるともかぎらないからです。ま

た、他方では、そうやって力量を高めた労働者階級は、当然にも、資本主義の枠内でも自分たちの地位の改善のために闘争するだろうし、その力量の増大に応じてある程度それを実現することができるようになれば、資本主義そのものは受け入れる可能性が高いからです。そして資本の側も、労働者階級の闘争の発展に対応して、一定の譲歩と妥協をしつつ、なお全体として労働者階級を飼いならし、それを資本主義秩序の中に統合する努力をするでしょう。したがって、労働者階級が、その数的増大やその階級闘争の発展の単なる延長線上において資本主義の打倒にまでその意識と行動水準とをまっすぐ高めていくとは、やはり言えません。

しかし労働者階級が、一方では資本主義の発展とともにその階級的力量を発展させ、階級闘争へと立ち上がりながらも、他方では、なおかつ資本主義の秩序の中に収まりきるほどには十分統合されていない、そういう独特の中間状態が特定の国に生まれるということはありえます。それが二〇世紀初頭における帝政ロシアの状況だったのです。帝政ロシアに輸入されたマルクス主義はそこの先進的知識人たちの間にしっかりと根づき、やがて上からの工業化を通じて促成的に形成された膨大な労働者階級のあいだにしだいに浸透していきます。これが資本主義の世界史に新しい章を開くことになります。

「長い一九世紀」と「ブルジョア革命の時代」

最初の「1」で述べたように、ホブズボームは一八世紀末のフランス革命から二〇世紀初頭の第一次世界大戦までを「長い一九世紀」と規定しているわけですが、人類史の連続した流れをこのような偶然的な一〇進法にもとづいて無理やり区分するのではなく、より本質的に規定しなおすなら、この時代は基本的に「ブルジョア革命の時代」と呼ぶことができるでしょう。

この「ブルジョア革命の時代」の出発点はホブズボームの場合と同じく一八世紀末のフランス大革命に求めることができます。そして、それは一八四八年革命という中間段階を経て、その最終局面は、いわゆる「上からの革命」の時代です。フランスにおけるボナパルト政権、プロイセンのビスマルクによるドイツ統一事業、サルデーニャ王国のカヴールによるイタリア統一事業(受動的革命)、そしてヨーロッパ各国の国境線や領土の所属を画定していくさまざまな局地的戦争が起こった時期です。資本主義を発展させるのに必要な経済的・政治的諸条件がヨーロッパ各国で確立され、ヨーロッパ全体で資本主義的秩序が国際的にもおおむね確立していく時期です。そして、「ブルジョア革命の時代」の終結点をなすのは、ドイツ統一を基本的に実現した普仏戦争とその直後に起こったパリ・コミューンです。パリ・コミューンは、すでにブルジョアジーが民主主義革命の担い手ではなくなったことを示し、労働者階級がそれに代わる共和主義と民主主義の担い手であることを示しました。その後、いわゆる帝国主義的領土拡張戦の時期になるわけですが、これはすでに「ブルジョア革命の時代」とその次の「永続革命の時代」との間に挟まれた過渡期であると考えられます。

一八四八年革命から「上からの革命」へ

この「ブルジョア革命の時代」の中間地点をなすのが先にも述べた一八四八〜四九年のヨーロッ

パ革命ですが、この革命においてすでに、「ブルジョア革命の時代」の陰りが見られます。本来、ブルジョア民主主義革命というのは、一方ではブルジョアジーの発展、資本主義の発展のために必要な経済的・政治的諸条件を実現するというブルジョア的課題とともに、君主の専制や貴族・地主の諸特権を解体して共和制ないしそれに近い政体を実現するという民主主義的課題とを合わせ持っていたわけですが、これが一八四八年革命においては分裂します。

では一八四八年革命はどのような革命だったかというと、それは少なくとも三つの大きな革命の複合でした。一つはブルジョア革命であり、ブルジョアジーの発展にとって必要な政治的・経済的・社会的諸条件を獲得する革命です。とくに、これまで何回か言及していますが、諸邦や諸王国に分裂していたドイツとイタリアにおいて統一国家をつくり出して統一した広い自由な国内市場をつくり出すことがその中心的課題です。第二は民主主義革命です。既存の君主制や貴族の特権、地主の専横を粉砕して、共和制や議会制民主主義の体制を作ることです。第三の側面は民族革命です。当時は独自の国民国家を形成していない民族が非常に多く、今では独立国家を形成しているような諸国民、諸民族は、この時代にはほとんどが独立しておらず、オーストリア帝国という巨大なモザイク状の帝国、さらにはロシア帝国、さらには現在のトルコ、当時はオスマン帝国というこれもかなり巨大な帝国のいずれかに、あるいは複数に属していて、自前の国民国家を持っていませんでした。一八四八年革命において、これらの諸民族が帝国に対抗して民族独立のために戦うわけです。その中でもハンガリーのマジャール人、チェコ人、ポーランド人などがとくに重要な役割を演じます。

ただし、一八四八年革命の主たる側面ではありませんでしたが、もう一つ、潜在的には労働者革命の側面もありました。フランス二月革命の主力もドイツ三月革命の主力も労働者でしたし（ただし職人や手工業者が多かった）、その年の六月にはパリで初めて労働者による独立した革命的決起が起こっています。しかしこれはただちに弾圧され、これを契機に、ブルジョアジーはいよいよ民主主義革命に対する真剣さを失っていきます。

このように一八四八年革命は主として三つの（あるいは四つの）革命の複合だったわけですけれども、その中で主たる側面は何かというと、それはやはりブルジョア革命という側面でした。この側面はそれなりに追求されますが、ブルジョアジーは民主主義革命に関しては途中で放棄し、君主制が（多少緩和され制限された形でとはいえ）結局どこにおいても復活します。民族革命も最終的には弾圧されてしまい、各帝国は生き延びます（ただしオーストリアでは後にハンガリー王国の自治が認められ、オーストリア＝ハンガリーの二重帝国になります）。つまり三つの革命の複合だったものが、これらの諸側面が分裂していくわけです。フランス大革命ではブルジョア革命の要素と民主主義革命の要素が深く融合していたのですが、一八四八年革命では分裂し、むしろ対立するようになります。その後、「上からの革命」の時代に、ドイツ＝プロイセンとイタリアが上からのイニシアチブで統一国家をつくり出し、ブルジョア革命の残された課題はおおむね達成されます。

帝国主義の時代

これによって、ヨーロッパの主要な大民族は独自の国民国家を獲得し、ブルジョアジーはもはや革命を起こす動機を失います。これで十分、ブルジョア的発展にとって必要な枠組みが達成されたのだから、下からの革命を引き起こす必要はないわけですね。生き残った専制君主たちは別に資本主義の発展を妨害しないし、それどころか上からの工業化を推し進め、労働運動を弾圧してくれるし、その庇護のもとで経済成長ができるのだから、今さら共和制を実現しようとか、民主主義的諸権利を実現しようとか、そういう必要はなくなるわけです。逆に、下からの革命に労働者が参加するようになれば、ブルジョアジーの支配や特権まで脅かされることになります。革命はもはやブルジョアジーにとって不必要であるだけでなく、危険で有害なものにさえなります。

こうした傾向がより露骨に表われるのが、「上からの革命」の時代以降に隆盛となる、帝国主義の時代です。帝国主義本国では、過去の革命の遺産として一定度の民主主義や一定度の自由や一定度の共和制や立憲君主制が存在したりしますが、植民地においてはそういう自由や民主主義さえ認められず、そこではブルジョアジーの本質である一方的な支配と搾取の体制が構築されます。上からの「文明化」がなされるどころか、むしろ搾取と支配にとって便利でさえあれば古い生産様式、古い搾取様式さえもが復活して、民衆を苦しめます。帝国主義の支配に対する現地民衆の闘いや蜂起に対しては容赦のない絶滅政策が取られます。何人かの歴史学者が言っているように、第一次世界大戦や第二次世界大戦においてヨーロッパで見られるようになった敵国民に対する容赦のない絶滅政策や焦土作戦というのは、実はすでに一九世紀から欧米諸国が植民地でやっていたのであり、それが本国にまで持ち込まれ、ヨーロッパ規模で再現されたものにすぎないわけです。

ここにおいて、帝国主義本国と植民地とのあいだに巨大な格差が生じます。そして本国では自由と民主主義の擁護者であったような人々も植民地に関しては、アジアやラテンアメリカなどの文明的に劣った諸民族に対して文明の恩恵を強制的に与える必要性という論拠で帝国主義を正当化します。たとえば『自由論』『女性の隷属』などで有名なJ・S・ミルなんかもそうです。このような傾向は明治維新以降における、福沢諭吉などの日本の知識人にも共通して見られます。本国と植民地とで異なった基準を適用するのがこのころの自由主義知識人の特徴です。

周辺帝国としてのロシア帝国の独自性

これまで見てきたように、帝国主義本国とその植民地周辺国との間には巨大な格差が生じました。第一に、前者には過去の革命とその後の民衆の戦いの結果として一定の自由と民主主義が（ブルジョアジー自身の意図に反してですが）存在するのに対して、後者ではそうしたものがほとんど認められていません。第二に、前者では発達した資本主義が見られますが、後者ではしばしば古い生産様式が温存されたり人為的に復活させられたりしています。また資本主義が移植される場合にもかなり偏った、より略奪的でより過酷なものとして移植されます。第三に、前者では労働者階級の発展があり、それが階級闘争を通じて一定の成果を上げるとともに、資本主義の統合能力も発達して資本主義秩序への労働者階級の統合も進みますが、後者では、労働者階級の発達にわずかであり、帝国主義の支配に抗するような力量もまったく有していません。

このように帝国主義本国と植民地周辺国との間には巨大な格差が見られたわけですが、「周辺帝国」としてのロシア帝国はその中間に位置する非常に重要な独自性を持っていました。このような独自性は他のヨーロッパ帝国にはないし、また植民地周辺国にもなかったものです。まずロシア帝国は、第一に、面積的に言えば、海外植民地を除いて帝国主義本国としては当時における世界最大の帝国でありながら、他のヨーロッパ諸帝国に対しては半植民地的地位にありました。とくにフランスの金融資本への従属が強く、ロシアで生産された富の多くはフランスから借りたお金の返済や利子にあてられ、フランスの金融資本家の懐に入るという構造がありました。またロシアの資本家の多くも外国人であり、外国資本に属していました。

第二に、農村における農奴制や専制君主と貴族支配に見られるように、ロシア帝国には広範囲に古い半封建的システムが残存していましたが、そのもとで西方からの資本主義の浸透と上からの資本主義育成がなされました。先ほど述べた一八四八年革命は一個の世界革命でしたが、その影響力は東方においてはロシア帝国の国境でせき止められたんですね。ロシア国境より西においては、たしかに共和制までは実現できなかったけれども、一八四八年革命の影響はそれなりにあって、農奴制が廃止されたり、古い封建的な諸条件がここかしこで廃止されたりしました。しかし、このような流れはロシア帝国の国境で遮断されます。ロシア軍は大軍を西部国境地域に派遣して、ハンガリー人の闘争を粉砕したりして、革命の波が東方に広がるのを防ぎました。こうして一八四八年革命の影響をロシア帝国は免れたわけです。しかし、西方ヨーロッパとは国境を接していますから、資本主義的諸関係はしだいに浸透していきます。

さらに、一八五三〜五六年のクリミア戦争において、ロシアの最強の陸軍はフランスとイギリスの連合軍に敗北を喫します。地の利はロシアのほうにあったのですが、兵器の近代性の差、軍艦建造技術の差、そして何よりも輸送能力の差が決定的な役割を果たします。近代戦争においては単なる兵士の数ではなく、兵士の輸送能力や兵站能力が決定的な意味を持つわけですが、この輸送能力は何よりも資本主義の発展度に、それが作り出す生産力の差に大きく左右されるわけです。ロシアは大量に兵士を動員したのですが、その移動中に多くの兵士が亡くなっていきました。ツァーリ政府もこの事実に衝撃を受け、農奴制廃止（きわめて中途半端なものでしたが）をはじめ、上からの近代化、上からの産業化を一八五〇年代末から本格的に推し進めていきます。これによって温室的に労働者階級が発生し、それが上からの工業化によって成立した大工業都市へと集中されていきます。こうしてロシアでは、半農奴制のくびきに苦しんでいる膨大な農民と、促成的に上から育成され大都市に集中された労働者階級とが並存するという状況が生まれました。

第三に、西方からは資本主義が浸透しただけでなく、ヨーロッパ生まれのさまざまな社会主義思想が浸透し、さらに一八七〇年代以降は『資本論』のロシア語訳（これはフランス語版よりも早い、『資本論』の最初の外国語訳でした）を通じて、マルクス主義もロシアに浸透していきます。ロシアには一八四八年革命の衝撃の結果として、ナロードニズムと後に呼ばれるようになる土着の社会主義思想がそれなりに知識人やいわゆる「雑階級人」を中心に存在していたわけですが、マルクス主義はこのナロードニズムにも影響を与えるようになります。このマルクス主義はロシアにあっては単なる社会主義思想ではなく、何よりも、ツァーリ専制を打ち倒し、農民に土地を分配するという民主主義革命のイデオロギー的担い手にもなりました。西ヨーロッパではこのような民主主義思想は、マルクス主義以前に何らかの啓蒙思想やジャコバニズムのようなブルジョア急進主義が担ったわけですが、ロシアではマルクス主義やナロードニズムのような社会主義思想がそうした民主主義思想の担い手にもなったのです。

第四に、ロシア帝国の特徴は、その植民地のほとんどすべてが国内植民地であって、遠い外国にある海外植民地ではなかったことです。最大の世界帝国を作ったのはイギリスですが、このイギリスの植民地のほとんどは海外植民地です。イギリス本国においては、スコットランドは一種の国内植民地であり（それゆえ現在でも独立の動きがあります）、さらに隣の島にはアイルランドという、海外植民地と国内植民地の中間のような存在がありましたが、基本的にはその主要な大植民地は、オーストラリアやインドに代表されるように、本国から遠く離れた海外に存在していました。フランスやオランダもその植民地のほとんどは海外植民地です。ところがロシア帝国はその植民地はみな国内植民地であり、本国と地続きの周辺地域を自国に併合していったわけです。今では独立国家になっているような、ウクライナとかバルト三国とかフィンランドやポーランド、ウズベキスタンやカザフスタン、グルジア（ジョージア）やアルメニアやアゼルバイジャン、キルギス、等々といった国々がすべて当時はロシア帝国の中に存在していたわけです。ですから、植民地問題がただちに国内問題になるし、植民地における少数民族の革命運動はただちに本国の革命運動と融合することになります。

このことの持つ潜在的意味はきわめて重大です。たとえば、イギリスやフランスやイタリアやドイツであれば、海外植民地で革命的蜂起が起こったとしても、そしてそれが勝利したとしても、それは単に海外植民地が失われるだけであって、本国の革命に直結するわけではありません。インドの人民が勝利したからといって彼らがロンドンに攻め込むとか、ロンドンの政治的中心部を制圧するということは起こりません。ところがそれがロシア帝国では国内での革命的蜂起になり、一種の内戦になります。多くの少数民族がロシア帝国によって兵士や労働者として首都やその周辺に動員されているわけですから、彼らの革命的決起は直接ロシア帝国の首都を、本国の支配的中枢を脅かす事態になるわけです。

このように、「周辺帝国」としてのロシア帝国は、帝国主義本国と植民地周辺国との間にある巨大な不均衡を自国のうちに内在化した存在であると言うことができます。さらにこれはまた、帝国主義本国における内的矛盾と、植民地周辺国における内的矛盾とがそれぞれロシア帝国に同時に存在することをも意味します。このようなさまざまな複合的な諸矛盾がすべて一国に集中して存在し、そのことによって相互に増幅しあって、ロシア革命の内的エネルギーを形成することになるわけです。このようなロシア帝国の独特の性格こそが、第一次世界大戦という巨大な外的圧力の下で、ついにロシア帝国を転覆させ、それを最初の労働者国家にすることを可能にしたのです。

4.「永続革命の時代」とロシア革命

「ブルジョア革命の時代」から「永続革命の時代」へ

すでに述べたように、「ブルジョア革命の時代」も後半になりますと、一八四八年革命に見られたように、ブルジョアジーはもはや民主共和制の旗も民族自決の旗も投げ捨てて、既存の体制と癒着した上でその資本主義的利益を拡大していくという存在にしだいになっていきます。そして、一九世紀の後半には、ヨーロッパで一通り主要な大民族が国民国家を確立すると、争って海外植民地を獲得する競争へと突き進んでいきます。そしてその植民地ではなんら「自由」も「平等」も「友愛」もない支配と略奪の腐敗した体制が構築されていきます。

では、古き良きブルジョア民主主義革命の時代にあったような「自由、平等、友愛」の理念、民主共和制の理念、土地に対する農民の権利という理念はどうなったかというと、それは基本的に農民階級と同盟した労働者階級、およびそれを代表する労働者政党によって受け継がれることになります。すでに一八四八年革命前夜の時点で、イギリス、フランス、ドイツ、ベルギーなどのヨーロッパ先進諸国ではどこでも、戦闘的な民主主義運動の担い手は労働者、職人、あるいは彼らの利益を代表しようとする亡命知識人によって構成されていました。このことは、マルクスが共産主義者同盟の綱領として書いた『共産党宣言』からもうかがい知ることができます。その中でマルクスは、民主主義を勝ち取ることと、プロレタリアートが支配階級になることとが平行した動きであるかのように書いています。

そして、一八四八年革命の実際の展開は、「共産主義の原理」や『共産党宣言』などでマルクスやエンゲルスが想定していた以上に、ブルジョアジーは民主主義革命を貫徹することができず、どこでも最も血を流して民主主義のためにたたかったのはプロレタリアートでした。とくに決定的な転換点となったのは、すでに一言触れましたが一八四八年六月におけるパリの労働者蜂起です。これはブルジョア政権によって残忍に弾圧され、労働者運動とブルジョア民主主義派との麗しい提携という幻想は崩れ去りました。マルクスもエンゲルスも、一八四八年革命の後半以降になると、ブルジョアジーはブルジョア革命の担い手ではなくなったという重要な歴史的結論を引き出すようになります。

もはやブルジョアジーが下からのブルジョア革命を貫徹しようとはしないのですから、少なくとも「下からの革命」という形態ではしないのですから、それでいながら、世界の周辺国にはなおブルジョア民主主義革命をこれから必要とする無数の国と地域が存在するのですから、この革命を遂行することは、労働者階級と社会主義政党の歴史的使命になるわけです。

しかし、ブルジョア民主主義革命の実現が労働者階級とその利益代表政党に代行されるようになったということは、もはやこの革命がそれ自体として完結するのではなく、それを越えて発展していく内的ダイナミズムを持つことを意味します。というのは、まず第一に、ブルジョアジーが既存の旧体制と癒着して資本主義的発展を遂行しているような国や地域では、この旧体制を打倒しようとすれば、必然的にブルジョアジー自身がその主要な障壁の一つとして現われ、したがって旧体制もろともブルジョアジーの支配を打倒しないかぎり、ブルジョア民主主義革命の課題を実現することさえできないからです。第二に、そうした国や地域での資本主義の搾取と抑圧の構造は、先発国の場合よりもはるかにひどく、またしばしば資本家が外国人でしたから、労働者階級はそうした下劣な搾取者に権力を引き渡すために命をかけて旧体制と闘うことなどできないからです。旧体制を転覆するほどの力量を発揮した労働者階級はけっしてそれと同じぐらい下劣なブルジョアジーの支配を受け入れはしないでしょう。第三に、先進国ではすでに資本主義を社会主義に転換する課題が歴史の日程にのぼっていたからです。

こうして、「ブルジョア革命の時代」は幕を閉じ、農民と同盟した労働者階級がブルジョア民主主義革命の担い手となり、したがって革命をその段階で自己完結させず、ブルジョアジーの支配そのものの打倒にまで継続させる「永続革命の時代」が幕を開けることになります。

分岐点としてのパリ・コミューン

以上は、後にトロツキーが一九〇五〜〇六年に「永続革命論」として定式化することになる後進国革命の階級的・政治的ダイナミズムですが、このダイナミズムのはっきりとした兆候はすでに一八七一年のパリ・コミューンの中に見出されます。普仏戦争の敗北とボナパルト独裁の崩壊のもとで、フランスの共和制をプロイセンという専制君主国家から守るためには、すでにブルジョアジーでも小ブルジョアジーでもなく、パリの労働者階級とその利益を代表するさまざまな社会主義者たち（当時はマルクス主義者は少なく、主としてプルードン主義者やブランキ主義者）が自ら決起しなければならなかったわけです。それがパリ・コミューンです。

そのきっかけとなったのは、パリの労働者の武装解除問題です。ちょっと前までプロイセンと戦争をしていたわけですから、パリの労働者階級は武装していました。しかし、フランスのブルジョア支配層は戦争の敗北とともに、迫り来るプロイセン軍に屈服して、労働者を武装解除してパリを開城しようとします。しかしパリの労働者はボナパルトの没落によって再び成立したばかりの共和制をプロイセンの専制体制から守るためにそれを拒否し、無理やり武装解除に来たフランス国民軍兵士を蹴散らして、パリに独自の権力を打ち立てたのが、パリ・コミューンの始まりです。つまり、ブルジョアジーが見捨てた共和制を守るために労働者自身が権力を取らざるをえなかった、ここにパリ・コミューンの本質があります。最初から社会主義を実現しようとしてパリ・コミューンが成立したのではなく、共和制を守るためには労働者自身が決起して権力をとらざるをえず、そのことがブルジョア共和制の段階をも超えて労働者の共和制を打ち立てることを余儀なくさせたわけです。ここに決定的に重要なパリ・コミューンの革命的力学があります。しかし、この短期の権力は、ベルサイユを拠点とするフランスのブルジョア国民軍によって粉砕され、コミューン戦士は大量虐殺されます。

ちなみにマルクスとエンゲルスは、普仏戦争の時には、資本主義の発展にとって必要不可欠な国家的統一を目指しているプロイセンのほうが、フランス・ボナパルトの領土的野心よりも進歩的だとみなして、プロイセンを支持する（ただし公然とではない）立場だったわけですが、パリの労働者が決起すると、ただちにパリ労働者を全面的に支持する立場に転換します。そして、パリ・コミューン崩壊直後に当時の国際労働者協会を代表してマルクスが執筆したのが『フランスにおける内乱』です。それはパリ・コミューンを最初のプロレタリア政府とみなすものでした。

パリ・コミューンからロシア革命へ

さて、このように、パリ・コミューンはすでに永続革命の内的力学をはっきりと示しています。

この最初の試みはちょうど二ヶ月ほどで粉砕されていますが、この力学がパリという一都市ではなく、ロシア帝国という巨大な空間で、そしてより先鋭な形で再現されたのがロシア革命です。

一九一七年二月にいわゆる「二月革命」が起こりますが、このとき最初に権力を取って臨時政府を作ったのはブルジョアジーと地主の政党や政治家でした。皮肉なことに、二月革命で権力を取ったこれらのブルジョアジーや地主の党や政治家たちは、二月革命前には基本的に革命に反対する勢力だったのです。たとえばその代表者であるカデット（立憲民主党）のミリュコーフは、大戦中、戦争に勝利するために革命が必要なら、むしろ戦争に負けたほうがいいとまで言っていたぐらい、革命を嫌悪していたのです。しかし、実際に革命が起こってツァーリ体制が倒れると、まだ労働者の方は権力をとる準備がまったく整っていなかったので、旧支配層に最も近い有力政治家や有力政党が権力を簒奪するという結果をもたらしました。労働者の側も、エスエルやメンシェヴィキを中心にペトログラード・ソヴィエトを結成しますが、彼らは自ら権力を取ろうとせず、ブルジョア的臨時政府と妥協して政局に当たります。

最初に臨時政府を作った人々は、ツァーリが倒れたのだからもう革命はこれで十分であり、後はロシアが一丸となってこの帝国主義戦争を勝利まで遂行するべきだと主張しました。しかし、ツァーリ体制を倒した首都の労働者と女性たちは、戦争に勝利するために革命を起こしたのではなく、その反対に戦争をただちに終わらせ、パンと平和と土地を実現するために革命を起こしたのです。ところが、二月革命によって権力を獲得したブルジョアジーと地主の党や政治家たちは、あくまでも戦争をやりぬくという立場を取りました。さらに彼らの多くは自身が地主や貴族でもありましたから、農民に地主の土地を分配することに賛成などできなかったわけです。こうして、二月革命で権力を握った人々は、その革命を遂行した人々の願いを何一つかなえることができないし、かなえるつもりもないということをはっきりと示します。

それゆえ、二月革命の主体となった労働者と女性たちの支持は、即時停戦、土地を農民に、「すべての権力をソヴィエトに」と主張するボリシェヴィキへと急速に流れていくわけです。こうして、ついに十月革命が起こり、ボリシェヴィキの政権が成立します。このボリシェヴィキ政権は、最初は一週間かそこらで倒れるだろうと思われましたが、そうはならず、次は一ヵ月で倒れるだろうと思われましたが、そうはならず、次はパリ・コミューンの続いた二ヵ月で倒れるだろうと思われましたが、それもあっという間に過ぎました。翌年には大規模な諸外国からの干渉と白軍による流血の内戦が勃発し、さすがにこれでボリシェヴィキ政権も倒れるだろうと世界中の人が思いましたが、それでも倒れず、結局、一九二〇年末にはすべての白軍を粉砕して、ソヴィエト政権の側が完全勝利を収めます。

二重の連続革命としてのロシア革命

さて、このロシア革命は二重の意味で連続性をもった革命でした。まず、ここでも、パリ・コミューンと同じく、最初から社会主義を実現しようとして二月革命が起こったというよりも、直接的には平和や民主主義的課題を実現するためには、革命を継続させざるをえず、ブルジョアジーの支配を超えて、ソヴィエトによる権力にまで行かざるをえなかったという永続革命のダイナミズムが働いています。これは時間的な意味での連続性です。

それと同時に、この革命は、ロシア帝国の中のロシア人地域からロシア帝国の中の周辺諸民族地域、さらにその外部へと連続していったという意味でも連続革命でした。これは空間的な意味での連続性です。当時のロシア帝国はすでに述べたように多くの国内植民地を抱えていたおかげで、一種の世界的存在でした。それがどれだけ多くの「国」を内部に抱えていたかというと、当時ロシア帝国に属していて、今では独立国家になっている国は優に十数ヵ国に及ぶわけですから、一八四八年革命において当時、革命の波に巻き込まれた諸国の数（現在独立国家になっている国の数で数えるなら）に十分匹敵します。ですから、ロシア帝国一国の革命だけで、一八四八年革命並みの世界性を持っていたことになります。

一八四八年革命をウォーラーステインにならって「世界革命」と呼んでいいのなら、帝政ロシアで起こったロシア革命は十分にそれ単独でも「世界革命」と呼んでいいはずです。しかも、その広がりは、一八四八年革命よりもはるかに広大でした。一八四八年革命はどこまでもヨーロッパ限定でしたが、ロシア帝国は西はヨーロッパから東はアジアまで延びており、南はモンゴルやトルコにまでいたる巨大な帝国でしたから、その点でも世界的な存在でした。

そして、ヨーロッパからアジアにまで至るこの巨大な帝国で起こった革命は、ヨーロッパそのものにも、そしてやがてはアジアにも（コミンテルンを通じて）巨大な革命的インパクトを及ぼすのですから、この点でも「世界革命」と呼ぶことができます。そして、ヨーロッパではたしかにソヴィエト権力にまで至りませんでしたが、それでも当時ヨーロッパを支配していた主たる王朝、オーストリア＝ハンガリーのハプスブルク家、ドイツ＝プロイセンのホーエンツォレルン王朝などがことごとく崩壊し、共和制が実現します（これにロシア本国のロマノフ王朝の崩壊を入れるなら、ナポレオン体制崩壊後のヨーロッパ大陸を支配していた三つの反動的王朝はすべて一九一七〜一八年に崩壊するわけです。ちなみにオスマン帝国もそれからしばらく後にやはり崩壊します）。この点からしても、ロシア革命を起点とする一九一七〜二〇年の世界的激動は「世界革命」という名前にふさわしいものです。

ちなみに、ウォーラーステインは、これまで世界革命は二回しかなかった、それは一八四八年の革命と一九六八年の革命だという有名なセリフを吐いていますが、そしてそのセリフに安直に乗っかって、それを繰り返す知識人が日本にも世界にも少なからずいますが、それはまったくの誤りだということがわかります。

複合革命としてのロシア革命

ロシア革命は一八四八年革命と同じく「世界革命」であったというだけでなく、これまた一八四八年革命と同じくさまざまな革命が重なり合った「複合革命」でもありました。

それはまずもって、世界戦争の真っ只中で何よりも平和を実現するために、既存の戦争マシーンを覆したという意味で「平和のための革命」でした。これまでもそれ以降も、戦争が終わった直後に革命が起こるということはしばしばありましたが（パリ・コミューンはその一例です）、戦争の真っ只中で、戦争を止めるために、既存の権力を覆したというのはおそらく歴史上初めてのものであり、その後も見られないものです。戦争中は、愛国心の高揚や、挙国一致体制の存在や、敵の軍隊の脅威というもろもろの要素が重なって、どれほど生活が破壊されようと、どれほど多くの人々が無駄に死のうと、革命を起こすことが最も難しい条件にあります。たとえば、日本は終戦直前の時点では主要な大都市がすべて焼け野原になり、生活水準が戦前の数分の一になり、何百万人もの人々が殺されたにもかかわらず、反乱ひとつ起こりませんでした。それを考えると、ロシア革命というのは一個の信じがたい奇跡を引き起こしたと言えるでしょう。そしてこのことが同時に、他の参戦諸国の支配層に衝撃と脅威を与え、できるだけすみやかに戦争を終わらせる方向へと動かしたとも言えるのですから、ロシア革命は第一次世界大戦を終結させ平和を実現するために一定の役割を果たしたと言えます。それとは正反対に、連合国（協商国）の支配層、とくにフランスの支配層は、戦争終結後にベルサイユ条約でドイツに莫大な賠償金を課して（他方、ソヴィエト政権は「無賠償・無併合の講和」を一貫して主張していました）、もう一度、そしてさらに大規模な世界戦争を引き起こす最も重要な要因をつくり出したわけですから、戦争と平和という問題において、ソヴィエト政権の道徳的・政治的優位性は揺るぎないものです。

第二に、ロシア革命は、本当の意味で君主制を粉砕し、共和制を実現し、土地を農民に引き渡したという意味で古典的な共和革命であり、民主主義革命でもあり、したがってまた農民の土地革命でもありました。第二回全ロ・ソヴィエト大会で多数派となったボリシェヴィキが「平和の布告」と並んで真っ先に発したのが、農民に土地を引き渡す「土地に関する布告」でした。共和制の実現自体は二月革命がやったのではないかという異論が生じると思いますが、実際には二月革命で成立した臨時政府は共和制を宣言しておらず、それは憲法制定議会の決定にゆだねるという態度を取っており、その憲法制定議会の招集はぐずぐずと先延ばしされていました。したがって、二月革命はいずれの課題も中途半端にしか成し遂げていないのであって、それらの課題を真に実現したのは十月革命なのです。もしロシア革命が二月革命の段階でストップし、ボリシェヴィキを初めとする革命的社会主義勢力がパリ・コミューンでのように虐殺されていたなら、エスエルとメンシェヴィキの脆弱な政権ではとうてい君主主義者の白軍の攻勢に持ちこたえることなどできなかったでしょうから、スペイン革命のときのように、共和派は粉砕され、ツァーリ時代よりもはるかに反動的な君主主義的軍事独裁が成立したでしょう。そして、白軍指導者たちは同時に極端な反ユダヤ主義者でしたから、ナチスによるユダヤ人虐殺の以前に、大規模なユダヤ人虐殺を引き起こしたでしょう。実際、内戦中にすでに白軍はその占領地において、ボリシェヴィキだけでなくユダヤ人をも容赦なく虐殺していました。

第三に、それはもちろんのこと労働者革命でもあります。十月革命はただちに「勤労者の権利の宣言」を発布し、八時間労働制や生産の労働者管理をはじめとする労働者の諸権利を確立します。もちろん、これも理想と現実とは多くの点で食い違っていましたが、それでもそれが世界的に与えた影響は重大であり、世界的に八時間労働制を初めとする労働者の権利が確立していく上で決定的な役割を果たします。たとえばドイツのワイマール憲法の社会的諸条項は、何よりもソ連に対抗するべく起草されたものでした。

第四に、それは女性の革命でもあります。二月革命の起点となったのが、国際女性デーをきっかけとする数万の女性たちのデモ行進でした。当時、戦争中ということもあって、男性が次々と徴兵で兵士に取られたので、農村では女性の人口が全体の六〇%を占め、首都ペトログラードでは工場労働者の三分の一が女性労働者で占められていました。二月から十月への過程の中でさまざまな女性グループや団体による集会がなされ、声明が出され、女性の地位向上、男女同権が訴えられました。そして、十月革命は男女平等の選挙権を定めるとともに、中絶の権利や夫婦別姓、男女平等の賃金をはじめ、社会生活のみならず家庭生活においても男女同権を推進していきました。

第五に、この革命には民族革命という側面もあります。すでに述べたように、ロシア帝国はロシア人地域を中心に周囲の少数民族をしだいにその帝国の中に包摂していきながら拡大した帝国であり、全人口の半分ほどが大ロシア民族とは異なる無数の少数民族からなっていました。そして、これらの少数民族は帝政ロシアによるむき出しの差別と抑圧の中でしだいに革命化していきました。ボリシェヴィキもメンシェヴィキもその主要な活動家層を、ユダヤ人を含む少数民族から調達していきます。そして、十月革命においても最も中心的に活躍したのはこの少数民族出身の労働者や兵士たちでした。ボリシェヴィキはとくに民族自決のスローガンを重視し、民族革命のエネルギーを取り入れる努力をしました。そして、すでに述べたように海外植民地が中心のヨーロッパの諸帝国と違って、国内植民地が中心であるロシア帝国においてはこの民族革命のエネルギーはそのまま帝国の中心部における革命へと結合したのです。

そして最後に、この十月革命は、まずはただちに銀行を国有化し、やがては主要な生産手段の人民への移行を成し遂げていったという意味で、もちろん社会主義革命でもあります。一般的な説明では、民主主義革命と社会主義革命という側面だけがクローズアップされますが、実際にはロシア革命はこうしたさまざまな要素が結合しているのです。そして、この複合性からロシア革命はその巨大なエネルギーを汲み出したのであり、またそのことが革命後にさまざまな困難と矛盾をもたらすことにもなります。

ロシア革命の孤立と変質

こうして、この巨大なエネルギーをもってロシア革命は世界史に割り込んだわけですが、西側帝国主義諸国はこの革命の封じ込めに全力を尽くします。イギリス、アメリカ、そしてこの日本も軍隊を送って、あるいは白軍を支援したりして、ロシアを分裂させ、激しい内戦を繰り広げます。一九二〇年末まで続いたこの内戦の結果、革命を中心的に担った先進的プロレタリアートの大半も戦死するか餓死するか、あるいは官僚機構に吸収されていきました。そして、外部へと広がっていくはずであったロシア革命のエネルギーはその大半が使い果たされ、一国内に封じ込められます。一九一八～二〇年にはヨーロッパ各国で革命的情勢が何度となく訪れますが、いずれの場合も、かろうじてヨーロッパ資本主義はその危機を乗り越えます。その際、強大なアメリカ合衆国による支援が決定的な役割を果たしました。直接戦場にならずに、逆に戦争のおかげで急成長したアメリカ資本主義という巨大な後背地があったおかげで、ヨーロッパ資本主義は生き延びたといってもいいでしょう。

また、ロシア革命の教訓を学んだヨーロッパ支配層が、共産主義勢力に対してまったく容赦のない弾圧政策をとったことも重要な意味を持ちました。ドイツ革命におけるローザ・ルクセンブルクとカール・リープクネヒトの虐殺はその最たるものです。

いずれにせよ、ロシア革命は世界的に孤立し、経済的にも封鎖され、三年間の世界戦争と三年間の内戦でボロボロになったまま放置されたのです。一九二〇年には餓死で数百万人が亡くなりました。革命をヨーロッパに広げようとするボリシェヴィキの最後の試みは、一九二〇年における対ポーランド戦争です。しかし、この戦争においてポーランド人民は立ち上がらず、赤軍は敗北し、旧国境よりもはるか東方に新たな国境を設定する講和条約を結ばざるをえませんでした。西方ヨーロッパの首都たるパリから始まった一八四八年の世界革命が東方ロシアとの国境でストップしたのとは逆に、今度は東方ヨーロッパの首都たるペテルブルクから始まった一九一七年の世界革命は西方ポーランドとの国境でストップしたのです。

かつてトロツキーは一九〇五～〇六年に将来のロシア革命の軌道について予測したとき、ロシアはヨーロッパの先進国よりも早く労働者の権力を実現するだろうが、その後、ヨーロッパ革命による国家的支援がなければ、その経済的後進性と政治的孤立のせいで早晩崩壊するだろうという展望を描きました。これはレーニンも同じで、十月革命後、レーニンは何度となくその種の発言をしています。しかし、そのヨーロッパ革命の勝利による先進国からの国家的支援はついに来ず、逆に絶えざる経済的・政治的な締め上げがなされました。このことが結局、後にロシア革命を変質させ、スターリニズムの台頭をもたらすのです。

とはいえ、ロシア革命の影響力は、かろうじてソヴィエト労働者国家が生き残ったことで、その後も世界史に影響を与え続けます。ヨーロッパにおける反ファシズムの闘いや戦後の福祉国家の成立、アジアにおける民族運動の高揚と植民地諸国の独立闘争の盛り上がりなどは、やはりロシア革命とソヴィエト労働者国家の巨大な影響なしには語れないでしょう。

5、現代における『資本論』とロシア革命の意義

「永続革命の時代」の継続と終焉

一九一七年の十月革命を起点とする最初の永続革命の波は、基本的には旧ロシア帝国からかなり西方部分を削り取られた上で帝政ロシアの版図の中に封じ込められますが、その後も繰り返し永続革命は世界各地で起こり続けます。ロシア革命をもたらした世界史の基本的構図に変化が生じていないかぎり、そして、ロシア革命がつくり出した世界史的エネルギーがまだ枯渇していないかぎりは、資本主義世界システムの周辺部においては、民主主義革命は永続革命として成功するか、さもなくば途中で挫折して、欧米帝国主義と結託した軍事独裁政権になるか、という二者択一しかないという状況が存在し続けたからです。一九二六～二七年の第二次中国革命、および一九三六～三九年のスペイン革命はどちらも後者の帰結になりました。

しかし、第二次世界大戦の終結直後には、ユーゴスラビア、中国、ベトナムなどで永続革命が勝利の帰結に至り、また赤軍の介入があった結果ですが東欧諸国であいついで労働者国家が成立します。さらにその十数年後にはキューバで永続革命が成功し、永続革命の波はついにラテンア

メリカにまで到達します。そしてこの波はついに一九六〇年代には先進国にまで達して、いわゆる一九六八年革命と呼ばれる数年間の世界的動乱へと結びついていきます。

この一九六八年革命を主体的に担った人々（とくに若者）は、基本的にはスターリニズムの系譜を継ぐ共産党系の人々であろうが、あるいは反スターリニズムをかかげる新左翼系の人々であろうが、あるいは毛沢東を信奉する党派であろうが、あるいはカストロとチェ・ゲバラに鼓舞された人々であろうが、いずれも基本的にはロシア革命を震源とする思想的・政治的流れを受け継ぐ人々であり、あるいはこのロシア革命を通じて「世界思想」となったマルクス主義の影響を受けた人々であって、その意味で彼ら・彼女らは、ロシア革命から始まった「永続革命の波」の最後の担い手だったわけです。この流れは植民地や周辺国をぐるっと回った挙句、最後についに先進国の中枢にまで達したわけです。

しかし、結果的にこの一九六八年革命は勝利に至りませんでした。先進国の社会や文化にけっして消えることのない影響を与えその痕跡を残したとはいえ（とくにフェミニズムと人種的平等の進展）、革命としてはどの国でも勝利することなく、やがて革命の波は一九七〇年代後半には引いていきます。先進資本主義国の支配構造はきわめて柔軟かつ強固で、グラムシが予想した以上に自己保存能力を有していたわけです。また革命を担った若者たちも、当時の時代の雰囲気からは致し方ない面もありますが、グラムシが先進資本主義国ではけっして成功しないと警告した機動戦と正面攻撃に終始し、資本主義的支配の分厚い壁にはねつけられてしまいました。

こうして、ちょうど、「ブルジョア革命の波」の最後の世界革命であった一八四八年革命が敗北したことで「ブルジョア革命の時代」が最終的に終息に向かったように、「永続革命の波」の最後の世界革命であった一九六八年革命が敗北したことで、「永続革命の時代」もその後終息に向かっていきます。

ファシズムと新自由主義

この一九六八年革命の敗北の後に訪れたのが、みなさんもよくご存じの一九八〇年代からの新自由主義的反革命です。この新自由主義的反革命の本当の意味を理解するためには、一九一七〜二〇年の最初の永続革命の波が途中で停止させられた結果生じたファシズム（一九二六年以降のイタリアと一九三三年以降のドイツ）と比較する必要があります。

ファシズムにはいろいろな側面がありますが、その核心にあるのは、イタリアおよびドイツにおける予防反革命としての性格です。イタリアもドイツも、第一次世界大戦後何度となく革命的ないし前革命的情勢に陥るわけですが、ファシズムは、それらの革命が失敗した結果であり、かつ、そうした危機を二度と繰り返さないための予防反革命でもあったわけです。フランスやイギリスやアメリカでは、資本主義体制はより強固だったので、ファシズムに頼ることなくボリシェヴィキ革命の可能性に対処することができましたが、戦争の結果として、一方は勝利国であるにもかかわらずほとんど「獅子の分け前」を得られなかったイタリアと、他方で敗戦国として巨額の賠償金を背負わされて深刻な政治的・経済的混乱に陥ったドイツは、絶えずボリシェヴィキ的な急進的革命の危機を抱えていました。それゆえ、ボリシェヴィキ革命の危険性を根本から取り除くためには、労働者や社会主義者の自立したあらゆる組織を徹底的に解体し、その主要な担い手を肉体的に殲滅し、その代わり、ファシズムが上から労働者を組織しなおすことが必要になったわけです。

つまり、ファシズムは単に自由と民主主義の敵というだけでなく、階級的にはボリシェヴィキ革命のあらゆる可能性を根絶するための予防反革命という性格を持っていたわけです。それと同じように、一九八〇年代から始まった上からの新自由主義的反革命は、単なる市場原理主義や緊縮財政の推進といった面だけでなく、一九六八年革命のような動乱を二度と引き起こさないための予防反革命という性格をも持っていました。そのためには、労働組合や社会主義勢力の力を上から解体し麻痺させる必要があるということです。とはいえ、ファシズムのような非常手段を取るほど資本主義は危機に陥っていませんから、もう少し正統な形で、議会制民主主義を維持しつつ遂行されましたけれども、それが目的とするところはファシズムと同じです。

「上からの革命」と「上からの反革命」

さらに、二〇世紀末のこの新自由主義的反革命の本質をより広い歴史的視野で理解するために、もう一つの比較をしてみたいと思います。それは、二〇世紀末の新自由主義的反革命の一〇〇年ちょっと前に生じた一九世紀における「上からの革命」です。この時、ブルジョアジーは、君主制や地主貴族と妥協しながらも、それなりに進歩的役割を担いました。統一国家をつくり出し、立憲主義的妥協を引き出し、労働者保護にも若干ですが着手したりしました。つまりこの時代のブルジョアジーは、「下からの革命」に対しては反革命的だったけれども、全体としての時代の要請にはそれなりに忠実で、曲がりなりにも進歩的な変革を、自らのヘゲモニーでやったわけではないけれども、それを国家が推進することには同意しました。

しかし、その百数十年後のブルジョアジーは、その程度の進歩性も失って、歴史の歯車を逆に回すことに汲々とします。古くは一九世紀以来、ヨーロッパおよび世界の労働者が地道に積み重ねてきた権利の拡大や地位の向上や生活の改善といった流れをせき止め、とりわけ一九一七年革命および戦後に顕著になった福祉国家的な、あるいは社会権的な獲得物といったものをしだいに解体し、労働者の地位を大幅に後退させていくということをやるようになったわけです。このことが示しているのは、もはやブルジョアジーはその最後の進歩的性格をも失ったということ、もはやいかなる意味でも人類の進歩と相いれなくなったということです。そのことは、今日の講義の前半で説明した資本主義の種々の限界がいっそうあからさまになっていることとちょうど裏腹の関係にあります。

歴史的遺産と現代

そうした新自由主義的反革命にもかかわらず、人類は、まずは『共産党宣言』や『資本論』によって理論的に鼓舞され、次にロシア革命によって世界史的規模で実践的に鼓舞された、階級闘争と民族自決と反資本主義運動の成果はまだ消え去っていません。新自由主義の三〇年にもかかわらず、戦後獲得してきた労働者や市民の民主主義的・福祉国家的獲得物のすべてが失われたわけでもないし、とくに二〇〇八年の世界金融恐慌（新自由主義的反革命の必然的な帰結であり、その世界的破綻の証明だったもの）と二〇一一年のオキュパイ運動から始まった世界的な反転攻勢は、今日ますます広がりを見せています。日本ではそれほど実感はつかめないかもしれませんが、世界的には明らかに流れの転換が起こっています。

その一方で、世界資本主義はますます野蛮化しており、世界的な富と権力の格差はますます広がっていっています。先進資本主義国ばかりでなく、周辺の第三世界諸国においても部分的な一九世紀化が生じています。資本主義の経済的ないし社会的な統合能力の後退は、排外主義やレイシズム、あるいは宗教原理主義などを通じた暴力的・イデオロギー的統合によって補完されつつあり、このことはますます社会の分断と不安定さをつくり出しています。

これが現在の時代です。そうした中で、『資本論』を通じて改めて資本主義の本質をつかみなおし、ロシア革命の経験を学ぶことを通じて資本主義の実践的乗りこえの可能性と教訓を学ぶことは、今日ますます重要になっていると言えます。しかし、もちろんのこと、現在ではそのような水準にとどまっていることはできません。単純にもう一度『資本論』を学べばいいとか、ロシア革命の歴史について学べばいいというわけではありません。われわれは『資本論』出版後における資本主義の巨大な発展と多様化、そしてロシア革命（およびそれ以降のさまざまな革命）の変質と崩壊の歴史を踏まえたうえで、『資本論』を超える「資本主義の批判的解明」と、ロシア革命を超える新しい「反資本主義運動」の可能性について真摯に探求する必要があります。

『資本論』がどんなに素晴らしい書物だといっても、それはやはり一五〇年前の著作であって、その時点ではまったく予想されていなかったような、あるいはその時点ではまだ萌芽的なものにすぎなかったようなさまざまな現象が出現しています。したがって、『資本論』が明らかにした資本主義の一般理論を踏まえつつも、それを超えて資本主義の新たな批判的解明に向けて努力する必要があります。

ロシア革命に関しても同じことが言えます。今さらロシア革命を繰り返すことはできないし、ましてやレーニン主義に帰れと呼号しても大して意味はありません。あるいはこちらの方が最近では流行ですが「マルクスに帰れ」と呼号してもしょうがありません。二一世紀に生きるわれわれには、ロシア革命を超える新しい反資本主義運動の可能性を探求し、そのための土台を形成していくという歴史的責任と使命があります。

われわれが生きている間にその勝利を目にすることはおそらくないでしょうが、しかし、過去の多くの先人たちもその生きている間に見ることのなかった勝利や成功のために闘ってきたのであり、その豊かな遺産が子供や孫の世代に生かされ、あるいはその部分的勝利に貢献しているわけです。これが歴史の連続性であって、歴史というのはそうした世代的バトンタッチを通じて初めて主体的に連続した一個の流れになるのです。われわれは命あるかぎり、今の世代のためだけでなく、未来の世代のためにも闘う必要があり、未来の勝利を準備していく必要があるわけです。

新しい複合的革命に向けて

その一つのヒントとして、最後にお話ししたいのは、今後起こる変革がどのような形態であろうと、それはやはり何らかの意味で複合的な革命になるだろうということです。

たとえば、今年の初めに、アメリカを中心にウイメンズマーチが取り組まれましたが、それには全米で数百万人もの女性および男性が参加しました。大通りが何百メートルにもわたって人々で埋め尽くされるようなそういう大行進が全米各地の都市で起こりました。それが非常に素晴らしいのは、人種的にもジェンダー的にも年齢的にも民族的にも宗教的にも、きわめて多種多様な人々が集まったことです。とくに若い女性たちが大勢参加しました。ボリシェヴィキの革命も、多くの女性労働者が参加していたし、民族的にもきわめて多種多様でした。大ロシア人出身者だけでなく、ユダヤ人、ラトビア人、グルジア人、ポーランド人、チェコ人、アゼルバイジャン人、等々が多数参加していました。とはいえ、指導層は圧倒的に男性中心でした。しかし、二一世紀の革命はけっしてそうはならないでしょう。上から下まで女性が半分ないしそれ以上を占めるでしょう。

古い世代の運動家はえてして、革命のためには階級的に単一の運動が必要であって、人種や民族やジェンダーなどのさまざまな要素がかかわってくることは運動を分裂させエネルギーを衰弱させることだと思いがちですけれども、実際の革命はそうではなく、大規模な革命であればあるほど、さまざまな要素が絡み合い、いくつかの革命が複合し、相互に矛盾しつつも促進しあい、刺激しあい、連携したり、相互に変容したりしながら、結果的に体制を転覆するような大きなエネルギーを生み出したのです。

労働者階級の単一の前衛党が確固としてあって、そのもとに労働者階級が一致団結して、その単一の意志に基づいて革命を遂行するというイメージを古い世代は持っているかもしれませんが、それは一九一七年のロシア革命に関しても一種の神話にすぎませんでした。実際には、ボリシェヴィキにも制御不可能であったさまざまな運動や闘争のうねりが交錯しあいながら、二月から十月への劇的なドラマをつくり出したのであって、その中でボリシェヴィキは革命を一貫して指導していたというよりも、しばしば革命そのものに指導され、振り回されながら、かろうじて権力に到達したというのが実際なのです。

またボリシェヴィキ自身も一枚岩で結束していたのではなく、革命の暴風雨の中で繰り返し分裂し、レーニンも統御しきれなかったし、またレーニンもしばしば判断ミスをしました。生きた革命の過程は、それを神聖化しようとする後からの肯定的解釈者が述べるような整然とした発展過程でもなければ、否定的解釈者が述べるような悪魔的な陰謀の過程でもないのです。

そして二一世紀の革命は間違いなく、ボリシェヴィキのような単一の前衛党のもとで遂行されるのではなく、もっと多様で不均衡な諸主体のもとで遂行されるでしょう。したがって、それは革命の勝利後に起こったような官僚的堕落の可能性はいっそう少なくなるでしょう。そして、さまざまな階層やさまざまな地域やさまざまな集合体が、それぞれの願いや切実な要求を持ち寄り、さまざまな問題軸に沿った多様な運動を展開することこそが、運動の広がりとエネルギーをつくり出し、視野を広げ、主体を拡大し、可能性を押し広げることになるでしょう。そして、それらの多様な運動がやがて接合し、連携し、二一世紀の反資本主義運動という大きな流れの中に、その多様性と自立性を維持したまま合流することで、きっと新たな展望が開かれるだろうと思います。

そして、それこそが実はロシア革命の最も重大な教訓の一つでもあって、またそれと同時にロシア革命を実践的に乗り越えるものでもあるのです。

（二〇一八年二月一七日）

注

（1）エンゲルスはたとえば『共産党宣言』のイタリア語版序文で次のように述べている。「〔イタリアとドイツの〕両国民とも、その時まで、領土的に細分され内部での抗争を繰り返してきたことで弱体化され、他国の支配下に陥っていた。イタリアはオーストリア帝国に隷属し、ドイツは全ロシア皇帝のくびき、より間接的だが同じくらい過酷なくびきにつながれていた。一八四八年三月一八日の結果、イタリアとドイツの両国はこの不名誉な状態から解放された。一八四八年から一八七一年までに、この二つの偉大な国民が再生し、ある程度再び自らの足で立つようになったのは、カール・マルクスがかつて述べたように、一八四八年革命を鎮圧した当の人々が、自らの意志に反してこの革命の遺言執行人になったからであった」（邦訳『マルクス・エンゲルス全集』第四巻、大月書店、六〇六頁）。

（2）マルクス『資本論』（全集版）、大月書店、一〇頁。

第7章

『資本論』のアポリアと二一世紀の課題

——マルクス生誕二〇〇年によせて

【解題】本稿は、マルクス生誕二〇〇年を記念した『科学的社会主義』の二〇一八年七月号に掲載されたものに、若干の加筆修正を行なったものである。とくに二八五頁の図は、文章の内容をより分かりやすくするために今回新たに書き加えた。この種の図はすでに前著の『ラディカルに学ぶ「資本論」』の第2章で、蓄積モデルのジグザグを示すのに用いているが、今回は発展線を直線ではなく曲線として描いた。この方が「螺旋状の発展」というイメージに近くなるからである。

カール・ハインリヒ・マルクスが生まれたのは、今からちょうど二〇〇年前の一八一八年、フランスとドイツの国境に近いライン地方のトリーアにおいてであった。マルクスが生まれる数年前に、ナポレオンの没落によって新しい反動的なウィーン体制がヨーロッパに成立していた。ライン地方はナポレオン時代にはフランス領であり、ブルジョア革命の息吹を一身に受けていたのだが、ウィーン体制の成立とともに、反動的で貴族的なプロイセン専制国家の支配下に再度置かれることになった。だがライン地方の教養層の多くはけっしてナポレオン時代の自由の息吹を忘れず、プロイセンの反動体制を嫌悪した。マルクスの父親と、後にマルクスの妻となるイェニーの父親も、そういう人々に属していた。

そうした自由主義的な家庭で育ったマルクスは成長する中で、やがて父親世代の自由主義をはるかに越えて、革命的社会主義を志向するようになる。当時の若い知識層は、エンゲルスも含めて、イギリス資本主義の悲惨な実態、とりわけ労働者階級がこうむっている貧困を、書物を通じてか実際の見聞を通じてよく知っていたからである。さらに、ライン地方に自由主義の息吹を伝えた革命の祖国フランスではすでに、社会主義、共産主義の思想があちこちに芽吹き、正義感の強い若い知識層を魅了しはじめていた。彼らの多くは社会主義者か無政府主義者、あるいは共産主義者になった。

マルクスとエンゲルスは、これらの選択肢の中で最も急進的な共産主義者となった。だがこの若い世代はすでに、古い世代のユートピアに満足することはできなかった。イギリスの産業資本主義は、単に労働者の悲惨さをつくり出しただけでなく、その貧困を克服することを可能とするような巨大な生産力をもつくり出していたからであり、また万国の人々を接近させ結びつけるような運輸・通信手段を創出していたからである。このような社会的・経済的な発展線上に未来社会を位置づけることが必要だった。これが両名をして、後に「史的唯物論」と言われる歴史観を採用させたのである。

だが、史的唯物論は、マルクスが『経済学批判』の序言で言うように資本主義社会を分析する上での「導きの糸」を与えたが、それ以上のものではなかった。資本主義の分析は独自の課題であり、しかも一筋縄ではいかない課題であることが明らかとなった。一八四八年のヨーロッパ革命がどこでも敗北に終わると、マルクスはイギリスに亡命し、その地で経済学の本格的研究を開始し、自分自身の独自の経済学を構築することに心血を注いだ。その苦闘の過程はよく知られている。親の工場を受け継いだエンゲルスの財政的支援を受けつつも、マルクスは、貧困と度重なる病気、子供たちの死という厳しい試練の中、ついに、世界史を変えることになる書物、『資本論』

を書くのである。

1、『資本論』のアポリア

『資本論』が準備され書かれた時代(一八五〇~六〇年代)はかなり特殊な時期だった。それは一方では、若きエンゲルスがその『イギリスにおける労働者階級の状態』で克明に描き出したような一八二〇~四〇年代のイギリス資本主義の悲惨さがまだ十分過去となっていない時期であり、他方で、本格的な労働運動が起こり始め、法定標準労働日や児童労働の規制、労働者の選挙権獲得などを実現しつつあったが、労働組合運動がイギリスにおいてさえまだほとんど体制内化していない時期でもあった。この時代のこのような過渡期性は、『資本論』第一巻の叙述におけるある種のアンビバレント性に反映している。

まず一方では、マルクスは、その相対的剰余価値論において、独自に資本主義的な生産様式の発展に伴って、労働に対する資本の実質的包摂が進行し、労働者はますます階級的自立性を失い、機械化の進展によって機械の付属物の地位にまで低落すると詳細に分析している。そして、さらに蓄積論においては、資本は相対的過剰人口を創出することによって、労働者に対する「資本の専制」を完成させるとさえ描き出している。たとえば以下のようにである。

一方で資本の蓄積が労働に対する需要を増やすとき、他方ではその蓄積が労働者の「遊

> 離」によって労働者の供給を増やすのであり、同時に失業者の圧力は就業者により多くの労働を流動させることを強制して、ある程度まで労働の供給を労働者の供給から独立させる。この基礎の上で行なわれる労働の需要供給の法則の運動は、資本の専制を完成させるのである。（全集版『資本論』第一巻、大月書店、八三四頁。訳文は必ずしも既訳のままではない。以下、頁数のみ記載。強調はすべて引用者）

言いかえれば、資本主義の発展は同時に労働者の従属ないし疎外の一方的深化の歴史でもあり、最終的に資本は、相対的過剰人口の創出を通じて、労働者に対するその専制を完成させるとされ、それが資本主義の絶対的で一般的な法則であるとされている。このようなかなり悲観的な認識はまさに、一八二〇～四〇年代における労働者階級の現実の理論的反映でもあった。

ところが他方では、マルクスは『資本論』の最後の部分において、突如として、資本主義の発展とともに労働者階級の数が増大するだけでなく、その組織力や反抗力も増し、やがて収奪者を収奪するのだと書いている。

> この集中、すなわち少数の資本家による多数の資本家の収奪と手を携えて、ますます大きくなる規模での労働過程の協業的形態、科学の意識的な技術的応用、土地の計画的利用、共同的にしか使えない労働手段への労働手段の転化、結合した社会的労働の生産手段としての使用によるすべての生産手段の節約が進み、世界市場の網のなかへの世界の各国民の

組入れが発展し、したがってまた資本主義体制の国際的性格が発展する。この転化過程のいっさいの利益を横領し独占する大資本家の数が絶えず減っていくのにつれて、貧困、抑圧、隷属、堕落、搾取はますます増大していくが、しかしまた、絶えず膨張しながら資本主義的生産過程そのものの機構によって訓練され結合され組織される労働者階級の反抗もまた増大していく。資本独占は、それを開花させ発展させたこの生産様式の桎梏となる。生産手段の集中も労働の社会化も、その資本主義的な外皮とは調和できなくなる一点に到達する。そこで外皮は爆破される。資本主義的私的所有の最後を告げる鐘が鳴る。収奪者が収奪される。(九九四〜九九五頁)

ここでは、先ほどの認識とは打って変わって、資本主義の発展やその独占化と平行して労働者階級の階級的実力もしだいに発展していき、やがて資本主義的生産様式を打倒することができるとされている。たしかにここでも労働者の「貧困、抑圧、隷属、堕落、搾取」が増すとされているが、しかし、ここではそれが「資本の専制」を完成させるのではなく、逆に労働者の反抗力をも増大させ、やがてそれは資本主義的外皮を爆破させるのだとされている。このような楽観論には、一八四〇〜六〇年代に見られた、チャーチスト運動の前進や標準労働日の獲得をはじめとする労働運動の発展という事実の反響を見出すことができるだろう。

だが、先の「従属深化論」と、ラストでいきなり登場する「平行発展論」とがいったいどのように理論的に媒介されているのか、このことは残念ながら『資本論』からはあまり明らかではない。そこには深刻な空白、飛躍、矛盾（アポリア）があると言わざるをえない(1)。

とはいえ、この二つの異なった方向性を持った命題は、どちらもマルクス死後に労働者や反体制知識人を鼓舞する上で大きな役割を果たしたことは間違いない。一方の命題は、資本主義の残酷さ、敵対性、反労働者性を雄弁に語り、したがって資本主義に反抗することへと人々を駆り立てた。また他方の命題は、その反抗がけっして無駄ではなく、最終的には資本主義の転覆が歴史的に必然的であるとの展望と希望を与えた。

2、二つのミッシングリンク——階級闘争と社会的統合

しかし、この二つの命題の間に深淵があることは認めざるをえない。『資本論』出版から一五〇年、マルクス生誕から二〇〇年経った今日、この深淵を理論的に埋めるための努力がなされるべきだろう。そのためには、労働者の「従属深化論」も「平行発展論」もともに、『資本論』においていささか過大に描かれていることを明らかにする必要がある。

まず「従属深化論」だが、機械化の進展や相対的過剰人口の発生によって、資本に対する労働の従属ないし疎外が一方的に進行するわけではない。たとえば、機械化による熟練の解体は、これまで古い熟練の等級によって分断されていた労働者が、自分たちの狭い技能の範囲を超えて、労働者階級として産業別に団結する可能性を与えた。また、相対的過剰人口の創出による産業予備軍効果も、児童労働を規制したり、労働時間を制限したり、女性労働者の賃金を上げたり、等々

によって大幅に制限することができた。このような労働者自身の階級闘争という観点を導入することによってはじめて、機械化や資本蓄積の進行によってひたすら労働の従属ないし疎外が深まっていくかのような一面性を免れることができるのである。

実はマルクス自身も、先に引用した「資本の専制」の完成に関する文言の直後に労働組合の闘争に言及しており、その闘争が「資本主義的生産の自然法則が彼らの階級に与える破滅的な結果を克服または緩和」することができることを語っている。

> 労働者たちが、自分たちがより多く労働し、より多く他人の富を生産し、自分たちの労働の生産力が増進するにつれて、自分たちにとっては資本の価値増殖手段としての自分の機能までがますます不安定になるというのは、いったいどうしてなのか、この秘密を見抜いてしまうやいなや、また彼らが、自分たちのあいだでの競争の強さがまったく相対的過剰人口の圧力によって左右されることを発見するやいなや、したがってまた、彼らが労働組合などによって就業者と失業者との計画的協力を組織して、かの資本主義的生産の自然法則が彼らの階級に与える破滅的な結果を克服または緩和しようとするやいなや、資本とその追従者である経済学者とは、「永遠な」いわば「神聖な」需要供給の法則の侵害について叫びたてるのである。（八三四頁）

ここはマルクスが『資本論』の本文において「労働組合」に言及している数少ない箇所の一つ

であるが、この文言から、けっして「資本の専制」が「完成」などしていないこと、労働者の団結によって「資本主義的生産の自然法則」(ちなみにフランス語版では、「自然」は括弧に入れられている)の結果を克服ないし緩和することが可能であるとマルクスが考えていたことがわかる。マルクスが『資本論』や国際労働者協会の活動においてかくも重視した「標準労働日」問題もその点を確証するものである。労働者による標準労働日の獲得は他ならぬ機械制大工業の発展のただなかで実現されたのであり、労働者はけっして単に従属を深めただけではなかったのだ。

他方で、労働者階級の数が増大し、資本によって結合され訓練されたからといって、また資本に対する反抗がそれに応じて増大したからといって、それが単純に資本の支配そのものを転覆するほどの階級的力量の発展やそのような意識にまで至るとはかぎらない。資本はさまざまな譲歩や階級妥協を通じて、あるいは全体として譲歩しつつも戦闘的な労働組合や革命的な労働者政党への弾圧や排除を通じて、労働者階級の分断とその社会的統合に成功するかもしれない。マルクスは、その「協業」章において、「同時に就業する労働者の数の増大につれて彼らの抵抗も大きくなり、したがってまたこの抵抗を抑圧するための資本の圧力も必然的に大きくなる」と述べているが(四三四頁)、問題は「資本の圧力」が大きくなるだけでなく、労働者の圧力や「抵抗」をいわば弾力的に受け止め、システムに吸収する能力もまた増大することである。

資本主義の発展は、労働者の力量の発展であるとともに資本の力量の発展でもある。諸資本が集中されて巨大な規模になれば、当然、労働者の種々の要求に対するその譲歩能力も増大するだろうし、したがって労働者を統合する力能もまた増大するはずである。さらに独占資本は国家権力やメディアや教育機関をも動員して、その社会的影響力も著しく高めることができるわけだから、労働者階級の下からの攻勢や闘争に対して、弾圧と懐柔とを巧みに組み合わせた対処をしてくるのは当然であり、一定の範囲でそれが成功するのも、ある程度必然的であると言える。そして労働組合や労働者政党の側も、労働時間や賃金、あるいはその他の労働条件に関して一定の要求を資本に受け入れさせることができれば、資本主義的秩序そのものは受け入れる可能性が高いであろう。

『資本論』のアポリアを構成する二つの両極的な命題における矛盾は、こうして、一方において、労働者の側の階級闘争の発展を考慮することで、他方において、この階級闘争に適応した資本の側の社会的統合能力の発展を考慮することで、大きく緩和され、ヘーゲル流に言えば止揚することができるのである。

3、資本主義発展の二つの局面――疎外局面と統合局面

では、この二つの媒介項を導入することで、資本主義の発展曲線はどのように描き出すことができるだろうか？

この二つの媒介項はけっして均等かつ同時的に働くわけではない。明らかに両者のあいだには、時間的・空間的なずれと、その影響力の不均等性が存在するはずである。したがって、この二つの媒介項の具体的あり方や作用力に応じて、資本主義システムの全体的な発展曲線は、より資本の側に有利な方向で進行する局面と、労働者階級により有利な方向で進行する局面とが交互に現

出する、大きなジグザグないし螺旋を描くと考えることができるだろう。

最初の段階はもちろん、労働者の従属と疎外とがますます進行していく局面である。とくに機械化の初期段階においては、機械の導入に反対する熟練労働者のラダイト運動（これは嘲笑されるべきものではなく、階級闘争の必然的な一形態である）にもかかわらず、機械化は急速に進展し、労働者の階級的力量を大きく引き下げるだろう。その結果が、エンゲルスの『イギリスにおける労働者階級の状態』やマルクスの『資本論』が描き出したような、労働者の悲惨な状態、貧困、隷属、堕落、等々であった。

しかし、この局面（**疎外局面**）は永遠には続かない。機械化による古い熟練の解体と新しい熟練（機械工や旋盤工など）の創出は、より広い基盤に立った労働者の団結の条件をつくり出すし、労働者家族が陥る極端な貧困は労働者の側の反抗をもたらすし、この反抗は、社会の他の有力な層からのしかるべき協力が得られるならば、一定の範囲で成功を収めることができるからだ。

そして、労働者の階級闘争が盛りあがり、単純に弾圧によっては乗り切れないことが資本家の側に感知されるなら、また他の諸資本を犠牲にして巨大化した資本の側の譲歩能力が増すなら、第二の局面がやってくるだろう。労働者の地位が向上し、賃金が上昇し、労働者の生活水準がしだいに改善されていき、したがって労働者が資本主義秩序の中に一定の地位を確立していく局面（**統合局面**）である(2)。

これはもちろん景気循環によって媒介される。好景気のときに労働者が勝ち取った賃上げやその他の有利な労働条件は、不況期において相殺されるのではなく、その中でも一定持ちこたえ、トータルでより高い賃金と労働条件を獲得することができるだろう。しかし、労働者はそうした一定の地位向上と引き換えに社会的により強く統合されるようになる。いやむしろ、このとき初めて本来の「労働者統合」が成立するのである。なぜなら、「統合」という概念は、一方的な支配や専制ではなく、統合する対象への譲歩や妥協を通じてより有機的な形での包摂を意味する言葉だからである。

しかし、この局面も永遠ではない。それがある一定の水準に達すると、一方では労働者の側の反抗心がしだいに薄れて、資本に対する階級的圧力が弱まり、他方では、資本の側では、労働者の賃金上昇などによる利潤率低下に対する危機感が強まる。こうして、資本の側はこれまでの形態の社会的統合を可能にしていた階級妥協を蹂躙し、労働者に対する反転攻勢に出て、労働者の組織力を解体し、より露骨で略奪的な搾取体制を築こうとするだろう。

一九二〇～三〇年代におけるファシズム（およびそれに類似した軍事独裁体制）はその最初の試みであった。しかしこれは数千万人もの犠牲者を出した第二次世界大戦を通じて粉砕され、戦後には先進資本主義国を中心に、より大規模で広範な統合局面が生まれた。これがケインズ主義的な福祉国家体制の時代である。だがこの局面も永遠ではなかった。一九七〇年代になると労働者階級の力の増大とインフレによる資本蓄積の停滞、それと並んで起こったブルジョア支配体制の政治的危機の発生は、この第二の統合局面に対する資本家の側の大きな攻撃をもたらした。一九八〇年代以降の新自由主義的局面は、再び統合局面を疎外局面に移行させようとする第二の、そしてより広範で持続的な試みである。こうして今日、われわれは第三の疎外局面におり、多くの点で、『資本論』の時代に似た時代にいるわけである。

4、螺旋状の発展と二一世紀の課題

以上を図式化すると、全体としての資本主義の発展は、内側に傾いた二つのライン（疎外の線と統合の線）のあいだを上に向かって螺旋状に発展していく運動として描き出すことができるだろう（この二つの線は、図では簡単にするために直線で描いたが、しだいに接近するがけっして交わらない双曲線のようなものとして考えていただきたい）。二つのラインが内側に傾いているのは、その性質が相互に接近していることを現わしている。マルクスの『資本論』が書かれた時代は、最初の「疎外」局面から最初の「統合」局面へと移行する途中の時期にあたっており、そのことが、本章で述べたような『資本論』の独特の魅力とアポリアとを生み出したのである。

ここで、誤解なきよう、ただちに三点ばかり注意を与えておかなければならない。まず第一に、疎外局面から統合局面への、あるいはその逆に統合局面から疎外局面への移行は、常に階級闘争（あるいはその他の社会的闘争）の大規模な前進ないし敗北の結果であるということである。

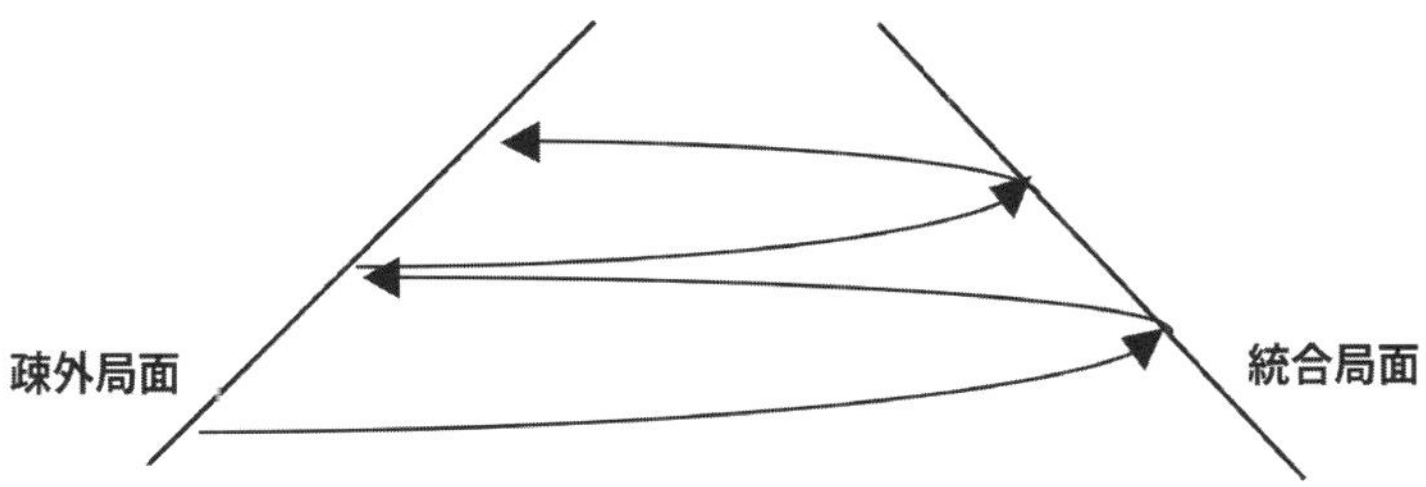

それを通じて階級的力関係の中長期的転換が起こり、新たなヘゲモニー構造が構築されるのである。したがってそれは、けっして資本主義に内在的な何らかの運動法則の自動的作用ではないし、ましてや統合する側（資本家階級やその政治的支配層）の単なる政治的選択の結果でもない。

第二に、たとえば最初の統合局面から第二の疎外局面（ファシズム）への移行を例に取ると、疎外局面に移行したからといって、以前と同じ疎外水準に逆戻りするわけではない。それは疎外の線上に位置するが、すでに統合の側にかなり傾いた位置にある。したがって、第二の疎外局面はすでに第一の疎外局面よりずっと進んだ社会的統合を前提しており、それを（ファシズム的に）解体・再編する試みでもあった。ファシズム政権が行なった一見進歩的に見えるさまざまな「福祉・公衆衛生」政策や公共事業はそうした試みとして考えることができる。同じく第三の疎外局面は、いっそう統合の側に傾いた線上に位置しており、それ以前の第二の統合局面を、つまりはいっそう進んだ社会的統合のあり方を前提としている。それは旧来の統合を部分的に破壊するとともに、それを（新自由主義的に）再編するものでもあった。昨今、世界的に隆盛になっている右翼ポピュリズムは、かつて統合の中心にいたが今では疎外されつつある人々を、何らかの仮想的な「共通の敵」（移民や外国人、イスラム教徒や女性）への反感と敵意を煽ることで資本主義的秩序の側に再統合しようとする試みに他ならない。そしてこれが各国で一定の成功を収めていることは、過去から継続している社会的統合の強力さを逆説的に示すものでもある。

第三に、このような大きな流れは地理的に大きな差異と不均等性を有していることである。たとえば第一の統合局面が起きたのは西ヨーロッパの一部の諸国とせいぜい北米だけであって、ロシアや日本のような後発資本主義国ではそうではなかった。また第二の（ファシズム的な）疎外局面は、資本主義的な社会的統合が種々の理由から脆弱であった諸国を中心に起こっており、それ以外の欧米先進資本主義諸国ではむしろ戦後における第二の統合局面を準備する過程が進行中であった（たとえばアメリカのニューディール）。同じく、戦後における第二の統合局面はおおむね先進資本主義諸国に限定されており、アメリカ帝国主義の支配下にあった第三世界諸国では露骨で暴力的な搾取と抑圧が横行していた（ここからいわゆる「従属理論」が生じる）。そして今日の時代もまだ属している第三の疎外局面にしても、各国における歴史的伝統の差異や対抗運動の側の抵抗力の強弱に応じて、新自由主義の発現の仕方や進行度には大きな違いがある。このような地理的不均等性を常に念頭に置いておかなければならない。

以上はまったく一般的で大雑把な素描にすぎず、現実の世界ははるかに複雑で多様である。だが、いずれにせよ、資本主義はこうした大きなジグザグないし螺旋状の発展を通じてはじめて、「収奪者が収奪される」終局点へとしだいに接近していくのである。しかし、資本主義はそれがどれほど矛盾を深めようとも、また、その限界をどれだけ露呈させようとも、自動的に崩壊することはけっしてないし、自然に「終局」へと至るわけでもない。今日のように、マルクスの想像さえはるかに超えるほどの極端な経済的・社会的格差を生み出し、世界中で資源と労働力とを浪費し、地球環境に致命的な打撃を与えているとしても、それでもなお資本主義は自動的に倒れはしない。労働者階級自身が、新自由主義の被害をこうむっている他のすべての諸階層と協力しつつ、自覚的に資本のシステムを別のより高度でより持続可能な社会システムに置きかえなければならない。これこそが二一世紀におけるわれわれの課題である。

（二〇一八年五月一六日）

注

（1）ちなみに、『資本論』が内包するこのアポリアは、日本のマルクス経済学における正統派と宇野派との理論的分裂にも関係している。前者はマルクスの「平行発展論」にもとづいて、資本主義から社会主義への転化の必然性を『資本論』は明らかにしていると考えたのに対して、宇野派は、この種の「平行発展論」（そう呼んでいたわけではないが）は、『資本論』の論理から導き出せないイデオロギーにすぎないとみなして、基本的に「従属深化論」にもとづいて、労働者は完全に資本の論理に従うのであり、したがって資本主義が永遠に続くかのように記述することが経済原論の役割だと考えたのである。

（2）マルクスは一八七〇年代にイギリスにおいてすでに生まれつつあったこの統合局面に関する説明として、資本内在的に説明するのではなく、イギリスへのアイルランドの民族的従属とそれによるイギリス労働者の特権的地位といういささか外在的な要因で説明している（たとえば、邦訳『マルクス・エンゲルス全集』第三二巻、五五〇頁）。もちろん、イギリスとアイルランドとの従属的民族関係は、イギリス資本主義の支配力の重要な源泉の一つであった。しかし、「一つ」にすぎないのであり、たとえアイルランドが民族的に独立したからといって、それによって労働者に対するイギリス資本の支配力が劇的に弱まるわけではない。

■著者　森田　成也（もりた　せいや）

大学非常勤講師

【主な著作】『資本主義と性差別』（青木書店、1997年）、『資本と剰余価値の理論』（作品社、2008年）『価値と剰余価値の理論』（作品社、2009年）、『家事労働とマルクス剰余価値論』（桜井書店、2014年）、『マルクス経済学・再入門』（同成社、2014年）、『ラディカルに学ぶ「資本論」』（柘植書房新社、2016年）、『マルクス剰余価値論形成史』（社会評論社、2018年）、『ヘゲモニーと永続革命』（社会評論社、2019年）

【主な翻訳書】デヴィッド・ハーヴェイ『新自由主義』『< 資本論 > 入門』『資本の < 謎 >』『反乱する都市』『コスモポリタニズム』『< 資本論 > 第二巻・第三巻入門』（いずれも作品社、共訳）、トロツキー『わが生涯』上（岩波文庫）『レーニン』『永続革命論』『ニーチェからスターリンへ』『ロシア革命とは何か』、マルクス『賃労働と資本／賃金・価格・利潤』『「資本論」第一部草稿――直接的生産過程の諸結果』（いずれも光文社古典新訳文庫）、他多数。

『資本論』とロシア革命

2019年6月5日第1刷発行　定価2800円＋税

著　者　森田　成也

発　行　柘植《つげ》書房新社

〒113-0001　東京都文京区白山1-2-10-102

TEL 03（3818）9270　FAX 03（3818）9274

https://tsugeshobo.com

郵便振替 00160-4-113372

印刷・製本　創栄図書印刷株式会社

装　幀　市村繁和（i-Media）

乱丁・落丁はお取り替えいたします。ISBN978-4-8068-0724-7　C0030

ラディカルに学ぶ『資本論』

森田成也著

定価2300円＋税　ISBN978-4-8068-0687-5

変革する武器として―マルクスの『資本論』は歴史上何度目かの復活を遂げつつある。われわれの生きている世界を根底から理解し、それを変革するという意味での「ラディカル」さは、『資本論』そのものに対しても発揮されなければならない。

世界史から見たロシア革命

世界を揺るがした100年間

江田憲治・中村勝己・森田成也著

定価2300円＋税　ISBN978-4-8068-0716-2

世界資本主義がますますその暴力的相貌を明らかにしている今日、ロシア革命の世界史的意義を改めて見直し、その生きた教訓を汲みつくす。